EL QUINTO

— LUIS GONZÁLEZ TAMARIT —

EL QUINTO

EGREGIUS
ediciones

Primera edición: febrero 2018

© Derechos de edición reservados.
Ediciones Egregius.
www.egregius.es
Colección *Narrativa egregia*

© Luis González Tamarit
© Ignacio Duque Rodríguez de Arellano

Edición: Ediciones Egregius
Maquetación: Francisco Anaya Benitez
Fotografía de cubierta y contracubierta: Pedro Figueras - pixabay

Diseño de portada: Francisco Anaya Benítez

ISBN 978-84-17270-27-8

Dedico este libro a todos aquellos que me animan a seguir escribiendo, pese al carácter tan humilde de esta literatura. Son muchos y tratar de nombrarlos a todos daría lugar a inevitables omisiones que no serían justas. Familiares, amigos, compañeros y otros conocidos piensan que merece la pena el esfuerzo que, en realidad, va principalmente dirigido a ellos.

AGRADECIMIENTOS

De igual forma, la nómina de agradecimientos sería muy larga, lo que produciría olvidos no deseados. Pero, pese a ese riesgo, quiero agradecer aquí a dos personas cuyo "papel" en esta obra es relevante.

En primer lugar, a Ignacio Duque Rodríguez de Arellano, que prologa este mismo libro. Compañero y conmilitón de otros tiempos y amigo de siempre, públicamente reconocido por sus méritos intelectuales más que evidentes en los campos de la Demografía y la Sociología. Su aportación mediante el texto de introducción a esta obra sería razón más que suficiente para el agradecimiento, pues implica una confianza en el autor digna de ser reconocida. A mayor abundamiento, me ha transmitido su complacencia con algunos relatos de libros anteriores. A él es obligado manifestar gratitud siempre, por ayudar con su reflexión y su rúbrica a esta empresa sin ánimo de lucro que es esta literatura tan personal. En cierto modo, tan de frontera.

Por otra parte, mi agradecimiento a Belén Santos por la corrección tan minuciosa que hace de los textos. Este virtuosismo ha llegado al punto de que algunos lectores, comentaristas y críticos del área más próxima, sin conocer de quién es la responsabilidad, señalan que una de las sobresalientes virtudes de estos textos es la impronta tan artesanal y elaborada que manifiestan en su expresión ortográfica y sintáctica. Es un mérito destacado que se añade y que no corresponde al autor. Dejo constancia de ello.

A los demás, amigos, familiares, lectores, unos conocidos, otros más anónimos, mi agradecimiento personal por hacerme llegar sus críticas y observaciones, que siempre son tenidas en cuenta y, en la medida de lo posible, añadidas al acervo de elementos con que cuenta el autor para mejorar sus historias.

Granada, enero 2018.

PRÓLOGO

La lucha por los lectores es, en estos momentos, una de las batallas más cainitas que jamás se hayan visto en la república de las letras. Una serie de factores están empujando a que la oferta de textos sea cada vez más desbordante. El mayor tiempo de ocio de una población crecientemente formada, con vida más saludable y larga, genera un número creciente de escritores potenciales que no existían en el pasado. El descenso de la comunicación oral interpersonal, la necesidad de comunicación de experiencias vitales y el narcisismo inevitablemente asociado a un mundo crecientemente individualista y competitivo estimulan que un creciente número de personas materialice en textos sus vivencias, opiniones o ensoñaciones.

Aunque los críticos literarios no lo reconozcan, los más voraces lectores no alcanzan hoy a leer, y ni siquiera a conocer las referencias, sino de una fracción cada vez más pequeña de la producción literaria global. Y es obvio que sin conocer una aproximación del universo literario malamente se puede tener criterio para una selección informada.

Sobre este tsunami de escribidores las escuelas de escritura han absorbido y propulsado una demanda ya enormemente creciente. En estas escuelas, unos autonombrados maestros de estilo hacen equilibrios entre la gestión de sus propias frustraciones ante la huidiza fama literaria y el añadido de un escalón formativo a la cada vez más larga carrera literaria. El resultado es un torrente de textos no simplemente autónomos, sino ya pulidos con muy diversas orientaciones de escuela.

Por si fuera poco, las posibilidades técnicas de autoedición han puesto el proceso material de composición y maquetación al alcance de las aptitudes de la mayoría de los escritores que antiguamente se encontraban con la infranqueable barrera de los editores y libreros profesionales, encargados de ahormar la oferta a su estimación de demanda o particulares gustos.

La babel del Gutenberg digital crece sin aparente freno.

Por el contrario, en el lado de los lectores, o más precisamente del tiempo de lectura, todo indica que, a pesar del incremento de los niveles educativos y del tiempo de ocio, cada vez más actividades le ganan el terreno a la lectura de textos que vayan más allá de pocas páginas. En realidad, la mayoría de la tarta del tiempo de lectura se la lleva la digestión de los mensajes de pocos caracteres, y no hay más que echar un vistazo a las actividades en las que se ocupan hoy las personas que van en transporte público, andando por la calle o están simplemente esperando en cualquier sitio. El visionado de imágenes o películas, la actividad deportiva, la afición gastronómica o el simple surfeo browniano en la red parece que arrinconan progresivamente a la lectura, además del creciente tiempo de trabajo, de cuidado y otras tareas reproductivas básicas.

Durante largo tiempo me intrigó que Luis González Tamarit, teniendo en cuenta ésta adversa coyuntura y estando a su alcance otras alternativas, no recurriese a un prologuista que, por su fama literaria, su reconocida alcurnia académica o su extensa red de contactos, seguidores o likes certificados, pudiera facilitarle la ciclópea tarea de la lucha por el lector, o de los escasos minutos-lector.

La respuesta que Vd., como lector, puede haber intuido es tan evidente como escurridiza a primera vista, pero es la prueba más evidente del interés de este libro. Simplemente, estos relatos no precisan de prologuista.

Esto no quiere decir que, agradecido por la amistad y honrado por el encargo, vaya a renunciar a la tarea de proponer qué tipo de lecturas o lectores pueden estar en mayor sintonía con los textos que aquí ven la luz, al menos desde mi propia perspectiva.

No estoy particularmente interesado en (ni me siento habilitado) para el comentario sobre los valores puramente literarios, estilísticos o estéticos de los presentes textos, que me parece están construidos con un castellano accesible y preciso. Recuerdo en mi descargo al lector, que la historiografía de la historia de la literatura ha visto incontables vaivenes y modas, de modo que lo que una vez fue sublime varias décadas después se encontró decadente o simplemente superfluo. Aunque finalmente se haya terminado fraguando un consenso en el entorno de lo que se termina denominando "los clásicos", no conviene olvidar que éste acuerdo ha sido siempre inestable y que ha solido requerir una perspectiva de uno o dos siglos, como poco.

Luis González Tamarit en su texto introductorio avanza una clasificación temática de sus relatos: "autobiográficos", "de fantasía o imaginación pura", "reflexión sobre la situación política y social", "asuntos portugueses o marroquíes", "relato histórico", "recordatorio literario". De acuerdo, no es una clasificación tan completa como la archiconocida del Emporio Celestial de los Conocimientos Benévolos, pero a falta de un difusor como Borges (y Foucault), puede ser un primer intento.

Creo que lo más valioso, vibrante y divertido de estos relatos está construido en torno a lo que me atrevo a calificar, en una primera aproximación, como vivencias iluminadas. Acontecimientos corrientes como el que se relata en *Abrazar al cocodrilo*,

Un tesoro oculto o *Los regalos del supermercado*, que permiten a nuestro autor situarse en el corazón de la vida cotidiana y bañarla con una particular luz de empatía. Una visión de personas, personajes y situaciones que la acelerada prisa, o la displicencia solipsista del urbanita medio (que algunos somos), no permiten apreciar. Creo que la lectura de *Un encuentro en Obona* ilustra a la perfección qué intento describir con lo que he denominado vivencias iluminadas, en tanto que captura de un instante al que se coloca bajo los focos de una luz mágica.

En ocasiones los textos aterrizan en el paisaje de los olores (*Aquellos cachivaches*) o los sabores (*Un churrero muy ilustrado*) de nuestro entorno, dando ocasión para pasar de la afectiva percepción psicológica a las aproximaciones histórico-sociológicas sobre la evolución de nuestro pasado reciente.

A partir de ésta última rama, brotan otros textos que son bocetos de ensayos históricos sobre acontecimientos y personajes, como los casos de los deliciosos *El rey Don Sebastián* y *La monja portuguesa*, en el contexto de una militante y justa lusofilia, que es toda una seña de identidad del autor. Textos en los que, desde el cariño se atreve a abordar los desencuentros históricos y emocionales de los vecinos ibéricos, con peripecias tan paralelas como atribuladas. Ya tuvimos otros buenos ejemplos de breves ensayos históricos en las anteriores obras, como el memorable relato de *El primer hombre que voló*.

A caballo entre la picaresca del siglo de oro, la crónica estrafalaria galdosiana y casi bordeando el disparate valleinclanesco, el texto de *Una historia argentina* muestra a las claras las especiales habilidades de Luis Tamarit para condensar la disección de un caso como retrato de un momento, una época o un territorio. Al lector que se sienta cautivado por este sainete de temática argentina, le recomiendo que bucee en anteriores entregas para disfrutar de *La cara del poder* y de *Asunto arreglado*.

Discrepando de lo señalado por el propio autor, no creo tan relevante que el texto tenga más carácter descriptivo o fantasioso. Lo soberbio es la mezcla, el portentoso alioli de ambos mundos. En ocasiones la fantasía parece como una característica necesaria a la realidad que se describe, como es el caso de *La jubilación*. En otros relatos la realidad parece como pura fantasía caprichosa de un momento que cuesta pensar que fue real, como en *Los hermanamientos*.

En este quinto volumen no se encuentran textos de tan fuerte carga autobiográfica como *La nieve*, *Mi amigo Esteban* o *Mi padre*, pero *Aisha Qandisha* y *Los abuelos* pueden dar una pista al lector de que nuestro autor se pone también bajo los focos, en un sincero y arriesgado ejercicio que permite una visión panorámica de su propio mundo, observador incluido. Este material autodescriptivo, entre familiar e íntimo, nos permite hacer una reinterpretación de lo que es la cocina literaria del autor, la particular manera con la que Luis González Tamarit elabora sus tejeringos textuales.

El contexto familiar, entre Cuba y Marruecos, entre Madrid, Sevilla y Altura, le ha regalado a nuestro autor un particularmente rico background de nómada cultural que no está al alcance de cualquiera y que le permite una particular pericia para mirar a los otros desde fuera. Su sobresaliente aptitud para las lenguas le ha posibilitado disponer de un radar excepcionalmente cualificado para la captación de los mensajes y su contexto en los diversos mundos superpuestos por los que ha navegado. Adicionalmente su amplia formación y trabajo profesional como investigador social le ha posibilitado dotar de método y contexto al proceso de análisis.

Ya solo nos queda un ingrediente, si bien es el más difícil, el que no se aprende en ninguna escuela, para el que no existen manuales y que el lector se va a encontrar desbordando cada rincón de las siguientes páginas. Es la empatía por sus semejantes, por las personas corrientes, por los que están fuera del ámbito de los poderosos. Esa mezcla de observar desde afuera, pero comprender desde dentro, de meterse en los personajes, pero observarles en la distancia. Es el particular don que hace que los relatos de Luis González Tamarit dejen ese gusto agridulce y cálido. Algunos textos pueden terminar con una inteligente sonrisa cómplice y otros arrancarán una sorda carcajada por el trampantojo de nuestras vidas cotidianas, pero en todo caso su método, genuinamente antropológico, dota de especial densidad a su estilo literario y le otorga una huella inconfundible. Algo que no está al alcance de cualquier contador de experiencias en elegante castellano.

Ésta es la advertencia al lector que me había puesto como tarea. Si sus intereses vitales o literarios son de otro estilo, es sin duda el momento de aplicar uno de los derechos del lector: el derecho a no leer lo que no nos interesa o de abandonar la lectura de cualquier libro en cualquier momento sin tener que dar explicaciones.

Si, por el contrario, ha conseguido llegar hasta el final de este prólogo y las pistas suministradas son un acicate para su lectura, creo que he cumplido la tarea que me había propuesto y debo dejar paso a lo realmente importante. Que Vd. lo disfrute.

Ignacio Duque.
En Madrid, a 19 de diciembre de 2017.

INTRODUCCIÓN

Este libro, cuyo título se refiere al número de orden que guarda entre los publicados, se vincula a los anteriores por temática y, en algunos casos, por rematar historias ya contadas que tal vez necesitaban de un final más contundente, no intuido en el relato original.

Los textos que podrían denominarse autobiográficos no lo son en realidad, porque en casi todos ellos los protagonistas son otros, aunque el autor haya aprovechado la experiencia para hilvanar el relato a partir de hechos, personajes o situaciones con los que se ha topado. Podríamos decir que fueron conocidos de primera mano. Vistos, claro está, desde una perspectiva muy personal, que pretende tener una impronta literaria.

Los relatos calificables como de fantasía o imaginación pura, también están presentes en el libro y en ellos hay homenajes a otros autores, muy relevantes. También hay un reconocimiento a algún manjar de nuestra cocina popular. El lector sabrá discernir, con su criterio, de qué relatos se trata.

No faltan las reflexiones sobre aspectos de la situación política y social de nuestro país y otros hermanados, aunque tal vez no con tanta fuerza como en los libros anteriores.

Los asuntos portugueses y marroquíes se desarrollan, como no podía ser de otra forma, mediante algunos intentos que dan lugar a ejercicios de relato histórico o de recordatorio literario o, incluso, antropológico. A estos casos empiezan a sumarse historias de otro país muy alejado geográficamente y de la vida del autor, pero que suscita su interés hasta el punto de originar un breve y jocoso *scherzo*. Esta atención se da tal vez por la inusitada vitalidad que nuestros antípodas australianos manifiestan, al menos, cuando visitan la vieja Europa y, naturalmente, también España ¿Es el principio de una nueva referencia territorial y cultural más continua en la obra del autor? Podría ser. Lo veremos en el futuro.

Granada, abril 2017.

UN TESORO OCULTO

Las Azores son unas islas de deslumbrante belleza, con un paisaje cautivador que encierra innumerables sorpresas. Un territorio que recoge diversos tesoros, poco conocidos fuera de las islas. Del paisaje podríamos decir que es una mezcla de Canarias y Asturias. Montañoso, plagado de volcanes, aguas termales y zonas humeantes; todo cubierto de un manto verde rabioso. La humedad del océano circundante, pues las islas están en mitad del Atlántico, crea unas condiciones climáticas con predominio de los vientos ábregos que, henchidos de humedad, provocan abundantes lluvias que favorecen la existencia de frecuentes cursos de aguas transparentes y de corto recorrido. Son habituales los lagos, lagunas y saltos naturales. Circunstancias que los locales han aprovechado para crear hermosos parques y jardines muy floridos. Hay arboledas en muchos lugares. Todos estos elementos producen un paisaje de una intensidad y un colorido que sorprenden a los visitantes del continente. Además, estas generosas condiciones de agua y flora, junto con el esfuerzo de los habitantes, han dado lugar a una vegetación de praderas que asegura la existencia de una cabaña vacuna muy extensa. Las vacas lecheras proliferan por doquier y la producción láctea y sus derivados constituyen la base de la industria local. Para los que gustan de la leche, no es mi caso, parece que se trata de un producto de gran calidad, al decir de los azorianos.

Los paisajes son de contener la respiración. En el fondo de los numerosos cráteres, las abundantes aguas han creado a lo largo del tiempo muchos lagos y lagunas, algunos conocidos y muy visitados, como Siete Ciudades o Furnas, en la isla de San Miguel, otros ocultos, de más difícil acceso. Si uno se sitúa en algún punto elevado del territorio de esta isla, lo que no es difícil, pues sus montes por lo general son fácilmente accesibles, tendrá a sus pies un catálogo de paisajes deslumbrantes y, cerrando siempre el horizonte, un mar cercano, insondable, de azul intenso y de aspecto apacible. En él, las fantasías vivientes para la gente de tierra adentro del continente, son habituales: delfines, tortugas, ballenas y cachalotes (hay quien dice que también sirenas) pueden avistarse a poca distancia de la costa. Un lugar pleno de maravillas, en suma.

El tesoro más oculto que pude conocer no está abierto al público, sino dentro de una casa, rodeada de un bello jardín lleno de agapantos, en la ciudad de Ponta Delgada, la capital de la isla de São Miguel. Es la casa donde nos alojamos cuando estuvimos allí. Se trata de una biblioteca privada, pequeña, humilde, pero de contenido prodigioso. La componen doscientos o trescientos libros de edición sencilla, entre los que se encuentra la práctica totalidad de las obras de interés literario, filosófico o científico de los años sesenta y setenta del pasado siglo. Autores como Wright Mills, Sartre, Cortázar, Simone de Beauvoir, Borges, Popper, Hessel… tenían allí una representación, algunos más de una. Aquel tesoro recoleto es, sin duda, una joya bibliográfica. En los libros aparece escrito, a veces con un trazo muy tenue, un nombre, Armando, una fecha y una ciudad, Coimbra, en cuya Universidad había estudiado el propietario.

Cuando pregunté a su dueño la razón de este sorprendente recopilatorio, Armando, hombre sesentón y tímido, se limitó a sonreír mientras contestaba, algo "azorado":

—Sempre gostei de ler; guardei aqueles livros que mais pegadas me deixa-
ram, aqueles que me ensinaram qualquer coisa. Fico-lhes muito agradecido.
Nunca pensei em vendê-los ou jogá-los fora para o lixo. Aí ficam para
quem os queira ler e desfrutar deles. Mantive os livros para benefício futuro
de outros. ("Siempre me gustó leer; guardé aquellas obras que más huella
me dejaron, las que me formaron. Les estoy muy agradecido. Nunca se me
ocurrió venderlos o tirarlos. Ahí están para quien los quiera leer y disfrutar
con ellos. Los guardé para beneficio futuro de otros").

Aunque no era ese nuestro objetivo, pues solo teníamos intención de pasar en la isla unas semanas, de buena gana nos hubiéramos quedado una temporada simplemente a leer y releer aquellas
obras. Nos hubiera venido muy bien. Otra vez será…

Ponta Delgada, junio 2014.

El Velocirraptor
I El encuentro

Homenaje largo a Augusto Monterroso.
Bueno, y a Michael Crichton, claro está

Descendí al garaje. Tenía que recoger algunos paquetes del coche. El garaje está en el mismo edificio donde vivo, así que tomé el ascensor hasta el sótano. Franqueé la puerta de acceso y me dirigí hacia el coche con las llaves en la mano. Cerca ya, cuando me disponía a abrirlo, me pareció ver algo al final del pasillo donde estaban estacionados los otros vehículos. Me fijé y quedé petrificado por la visión, golpeado por aquella aparición que identifiqué perfectamente. Lo que me había parecido ver, a unos quince metros de donde yo estaba, era… ¡no podía ser! Pero sí, era la figura amenazadora de un dinosaurio. Me miraba fijamente, pero sin moverse. Me sentí paralizado por el terror; el corazón empezó a latirme sin freno; me temblaba el cuerpo; no podía moverme. Por mi mente pasaron, como en una película acelerada, los conocimientos que tenía sobre este tipo de animales. Lo que había leído, visto en imágenes o en el cine. Era, sin ninguna duda, una variedad de velociraptor. Estaba levantado sobre las patas traseras y en esa postura mediría alrededor de dos metros y medio de altura. Prácticamente tocaba el techo del garaje con la cabeza. Un adulto grande, por tanto. Esos dinosaurios suelen moverse y atacar en grupo, son de una rapidez y agilidad indescriptibles y poseen una inteligencia, un talento natural, para la caza, muy sobresaliente. Además de ser muy crueles.

Estaba perdido. Si salía corriendo era presa fácil. Debía pensar en otra solución. Además, mi estado de parálisis no me permitiría la carrera. El velociraptor no me quitaba el ojo de encima. Debía estar valorando mi pánico y elaborando el plan para capturarme. Lentamente, muy lentamente, sin dejar de mirarle, palpé la llave y puse el dedo sobre el botón del mecanismo de apertura de las puertas. Estaba a unos dos metros de mi coche. El velociraptor a unos diez metros. Puede que tuviera alguna oportunidad. Me preparé mentalmente para la acción que se me había ocurrido para salir de aquel peligro. Pegué un salto y apreté el botón. Sonó un "clock" y se encendieron las luces del coche, señal de que las puertas se habían abierto. El velociraptor fue sorprendido por esta acción. Perdió un instante antes de reaccionar. Justo el tiempo que tardé en llegar al coche, abrir la puerta y arrojarme dentro. Cerré en el mismo momento en que el saurio iniciaba su carrera. Cuando llegó a mi vehículo las puertas estaban cerradas y la llave en el contacto, arranqué y encendí las luces y toqué el claxon con furia. Aquello pareció desconcertar algo al animal, pero cuando inicié la marcha hacia la puerta de salida a la calle, recuperó su fiereza y empezó a aporrear de forma insistente el coche con sus garras, sus vidriosos y amenazadores ojos fijos en mí. Sus garras arañaban los cristales. Era evidente que quería sacarme de allí dentro.

Pero la tecnología resistió, incluso diría que milagrosamente, pues no se rompió ningún cristal. Apreté el botón de la apertura de la cancela del garaje, que se abrió de una forma desesperadamente lenta y enfilé la salida. Al abrirse el portón y entrar la luz de la calle, el velociraptor aceleró sus ataques, comprendiendo que la presa se le escapaba. Cuando el coche salió el animal me siguió, pero al pisar la calle se detuvo bruscamente, dio la vuelta y entró de nuevo en el garaje, su guarida. Seguí unos metros. Me había salvado, pero no estaba seguro de que el corazón, que seguía latiéndome desbocado, no me estallara en el pecho. Aún temblaba. Inmediatamente pensé: ¡Hay que avisar a la gente!

Paré el coche y sin dejar de mirar por el retrovisor, por si el animal volvía al ataque, saqué el teléfono móvil y marqué el número de emergencias. Me atendió un chico muy amable que, después de aplicarme un protocolo interminable, me puso con la policía. Cuando conecté con las fuerzas de seguridad casi no podía hablar. Me repitieron varias veces:

—*Cálmese usted, señor, y dígame qué le pasa.*

Expliqué como pude lo que me había sucedido en el garaje. Después de escucharme atentamente la respuesta fue:

—*Así que dice usted que un animal le atacó dentro de su garaje.*

—*Efectivamente, un velociraptor.*

—*¿Qué tipo de animal es ese? ¿Una raza de perro? ¿No sería de algún vecino?*

—*¡No! Se trata de un velociraptor, es un tipo de dinosaurio.*

—*¿Puede usted repetir? ¿Qué es?*

—*Pues como un diplodocus o un tiranosaurio, más pequeño desde luego, pero muy fiero. Creo que es un animal muy peligroso. Puede hacer mucho daño a las personas. Por eso les llamo.*

Se produjo un silencio al otro lado de la línea y después la voz del policía me dijo:

—*No se preocupe, paso la información a mis superiores por si se produce otro ataque. Coméntelo con el portero o con sus vecinos.*

Naturalmente, pensé, no me han creído ni una palabra.

Sevilla, 30 de septiembre 2014, después de subir del garaje donde he escuchado un ruido extraño.

EL VELOCIRRAPTOR
II LA CACERÍA

Permanecí fuera del garaje, pero cerca del portón, por si a alguien se le ocurría entrar, poder advertirle sobre lo que había dentro. Como la policía no me había hecho caso, eso creía, decidí montar guardia yo mismo, pero siempre desde dentro del coche, con el motor encendido y las puertas cerradas, no fuera a salir y atacarme. El portón del garaje parecía bien cerrado, pero nunca se sabe…

Sin embargo, mi suposición era errónea. Al poco apareció un coche de policía, un patrullero, con dos agentes dentro. Me bajé del coche e hice gestos con la mano. Aproximaron el vehículo al punto donde yo estaba.

Me identifiqué como la persona que les había llamado. Repetí la historia de nuevo y formularon la misma suposición ¿No se trataría de un perro de algún vecino? Les repetí que, hasta donde yo sabía, aquel animal era un velociraptor y de regular tamaño. Me escucharon y dijeron:

—*Vamos a echar una mirada ahí dentro ¿Nos puede usted abrir?*
—*No les aconsejo entrar. Es un animal muy peligroso. Es mejor que pidan refuerzos.*
—*No se preocupe. Vamos armados y sabremos defendernos si nos ataca ¿Nos puede usted abrir? Cuando hayamos entrado, vuelva a cerrar para que no se escape.*

Así lo hice. Entraron con las armas, unas pistolas, desenfundadas. Se cerró el portón y transcurrieron unos minutos en los que nada pasó. Después, de pronto, gritos y varios disparos, tras estos unos golpes en el portón y gritos de ¡ábranos! ¡ábranos!

Abrí el portón y los dos policías salieron a la carrera. Bueno, no exactamente. Uno de ellos, con el arma en la mano, ayudaba al otro, que mostraba síntomas evidentes de estar herido. Me aproximé, después de comprobar que el portón volvía a cerrarse. El agente lesionado presentaba una fea herida en el costado. Parecía como si le hubieran desgarrado con algún instrumento cortante... ¿la garra del velociraptor? Ambos estaban bajo el efecto de un fuerte choque, sin duda por lo que les había ocurrido dentro.

El agente ileso acomodó a su compañero herido en el suelo, lo tapó con una manta que sacó del maletero y me dijo:

—*Voy a pedir refuerzos. Tenía usted razón. Ese animal ha demostrado que es muy peligroso. Quédese aquí con mi compañero y vigile usted el portón, no vaya a salir.*

Se dirigió al vehículo y habló por la radio. Después salió y vino a atender a su compañero, que sufría en silencio por aquella herida. Mientras le ayudaba, murmuraba maldiciones contra el dinosaurio aquel.

Pocos minutos después, precedidos por un ulular de sirenas, aparecieron varios vehículos. Coches de policía y una ambulancia que, inmediatamente, recogió al herido y se lo llevó hacia algún centro médico, supongo.

El compañero se dirigió a quien parecía ser el jefe de los recién llegados y le relató lo sucedido. El jefe me llamó y le ratifiqué la información sobre el velociraptor, aclarando algunas características que recordaba de esa especie. Entonces el jefe, mostrando gran prudencia, dijo:

—*Somos pocos y, tal vez, no las personas adecuadas. Hay que poner en marcha el operativo de situaciones de emergencia.*

Dicho y hecho. Se acercó a su vehículo y, a través de la radio, dio instrucciones para organizar el operativo. Mientras llegaban los refuerzos se acercó a mí y me preguntó:

—*Así que un velociraptor, ¿eh? Como el de la película "Parque Jurásico", ¿no?*
—*Exactamente* —le dije, sorprendido por sus "conocimientos"—. *Pero bastante más grande. Un animal soberbio, muy inteligente y, se supone, que de una gran crueldad con sus víctimas...*
—*No se preocupe, le cazaremos.*

Dio instrucciones a sus hombres para que acordonaran el área, pues ya se había ido congregando una buena cantidad de gente. También ordenó a uno de sus efectivos que entrara en el portal e impidiera que alguien bajara al garaje por el ascensor; y que lo bloqueara, en cualquier caso.

En seguida empezaron a llegar vehículos de todo tipo: furgonetas con policías antidisturbios, camiones de bomberos, tanquetas de la policía, vehículos de Protección Civil, psicólogos para atender a las posibles víctimas y a sus familias... Incluso apareció un helicóptero y empezó a sobrevolar la zona.

Organizaron a todos aquellos efectivos y crearon un puesto de mando, en el que me permitieron estar, "por si tenía que asesorar" (sic). Allí escuché la siguiente conversación:

—*Creo que es mejor que llamemos al Ejército, tiene algunas unidades con más experiencia práctica que nosotros en este tipo de situaciones.*
—*Estoy de acuerdo, jefe. Según los expertos* —me señalaron a mí—, *estamos ante una situación muy grave* —yo no había abierto la boca—.

—*Muy bien. Voy a hablar con el General Jefe de la Zona. Pero los militares tardarán algo en llegar. Mientras tanto, aleje a la gente lo más que se pueda del "teatro de operaciones".*

Calculo que, entre unos y otros, habría allí por lo menos cincuenta personas de los diferentes cuerpos: policía (varias entidades), bomberos, asistencias médicas, Protección Civil, los psicólogos… Un auténtico ejército para dar cuenta del "pobre saurio".

Además, con la intención de dar testimonio de aquella "noticia", empezaron a llegar, de forma creciente, los medios de comunicación. Representantes de la televisión, la radio, la prensa gráfica… comenzaban ya a formar un enjambre que revoloteaba por la zona, complicando algo la labor de la policía y demás fuerzas de seguridad. El deber de informarles llevaba a procurarse un sitio en primera línea, lo que podía resultar peligroso.

A la media hora, más o menos, empezaron a llegar las unidades militares. Unos cinco camiones cargados de "*rambos*" hasta la lona. En total, otros cuarenta o cincuenta soldados, con unos uniformes como de Guerra de las Galaxias. Se desplegaron de inmediato, siguiendo las órdenes de sus mandos, con una gran eficacia. El coronel que los dirigía, con otros oficiales, se unió al puesto de mando para discutir el plan de acción. Me invitaron a participar como experto en "dinosaurios". No en vano, he visto "Parque Jurásico" dos o tres veces, una en el cine y el resto en la televisión, y tengo el libro en casa que, naturalmente, he leído. También he "investigado" (en Internet, claro está) alguna que otra vez sobre estos grandes lagartos. Eso, por lo visto, me daba derecho a opinar sobre qué hacer. Además, y creo que esta era la razón principal, era de los pocos que había visto al bicho.

El plan de acción consistió en alejar a la gente, disponer a los soldados y efectivos policiales en varios círculos alrededor del portón y, lo más importante, hacer entrar a un equipo de reconocimiento en el garaje. Así lo hicieron y estos volvieron poco después indicando que el animal se había refugiado al fondo del garaje en una "posición ventajosa para él" y que iba a ser difícil cazarlo. Nuevo conciliábulo, al que se me permitió asistir como experto, pero sin opinar, y nueva decisión:

—*Lo vamos a sacar con gases. No hay otra fórmula.*

—*Pero eso puede ser peligroso para los efectivos y el público civil aquí congregado y para los vecinos.*

—*Pues haga alejarse aún más al público y ordene por la megafonía de mano cerrar todas las ventanas y balcones a los que están asomados. No hay otra solución. Y distribuya máscaras antigás entre todos nuestros efectivos. Ah, y que una grúa retire todos los coches aparcados en la zona, pueden estorbar.*

—*A sus órdenes, mi coronel.*

Cumplidas estas órdenes, "el operativo" se desarrolló de la siguiente forma:

Los círculos fueron reforzados y se dio la orden de disparar "a matar", a pesar de la tímida oposición del experto, o sea mía. Además, pensé que eso de disparar en círculo era peligroso para ellos mismos, pero no me atreví a decir nada. Yo era un "experto en dinosaurios", pero no en táctica militar.

Fue abierto el portón y lanzadas dentro unas granadas con el gas. Salió una gran humareda del garaje, pero nada más. Se ordenó lanzar otra andanada y se quedó a la espera.

Pero, al final, la reacción se produjo. De repente, el velociraptor asomó la cabeza entre la humareda. Su aparición provocó un grito unánime en todos los espectadores, ahogado por el ruido de los clicks de las cámaras. El animal debió estudiar rápidamente la situación y se retiró de nuevo al interior del garaje, seguro que a "reflexionar" sobre qué hacía.

Su presencia fue muy fugaz. Los soldados, pillados por sorpresa, igual que sus jefes, no tuvieron tiempo de reaccionar. La brevedad de su aparición, no impidió a todos los presentes valorar lo que habían visto. Era un animal formidable, de unos dos o dos metros y medio de alto, con una gran cabeza en la que brillaban unos ojos pequeños que lanzaban destellos de inteligencia, una boca de colosales proporciones, una piel de color entre ocre y verde, además de unas garras que daban miedo. La concurrencia quedó petrificada, pero al momento todo el mundo se puso a comentar lo visto de forma estentórea.

Pasados unos minutos, el velociraptor sorprendió a todos de nuevo. Apareció y, como una exhalación, dio un formidable salto que le permitió pasar por encima de la primera fila de soldados, cayó en el espacio entre los dos círculos y volvió a saltar de nuevo superando la segunda fila. Como un gran canguro, pero más ágil y, sobre todo, mucho más rápido. Nuevamente, no hubo tiempo para reaccionar, afortunadamente. Superada la segunda fila, el animal emprendió una veloz carrera dando saltos de vez en cuando y se alejó por una calle lateral en dirección a un parque próximo. Todos quedamos paralizados ante esta inesperada acción. Sólo el helicóptero, desde las alturas, parecía seguirle la pista. Vimos cómo entraba en el parque y desaparecía de nuestra vista. Al otro lado del parque lindaba ya el monte, con un arbolado que se hacía más tupido según se alejaba de la población.

Estaba claro que el dinosaurio se había internado en el monte. Los militares salieron detrás, pero a mucha distancia. El golpe táctico de la sorpresa le había asegurado al animal una distancia casi insalvable para sus perseguidores. Además, atardecía. Poco tardaría en llegar la noche, lo que favorecería la huida. Así ocurrió. Incluso el helicóptero perdió el contacto visual. Llegó un momento en que se hizo imposible seguirle. Se tomaron medidas de vigilancia y protección hasta el día siguiente. Por la mañana, se reanudó la persecución con todo tipo de medios humanos, mecánicos e, incluso, perros rastreadores. Pero nada. La búsqueda siguió unos días más. Pasada una semana se dio por concluida la infructuosa cacería. Ya sólo se mantuvieron medidas de alerta, por si acaso. Del velociraptor nunca más se supo.

El hecho ocasionó mucha literatura, imágenes, habladuría y programas de radio y televisión. Se convirtió en todo un acontecimiento. Fui invitado a numerosos platós en mi condición de "experto" y testigo de aquella aparición. Tertulias, mesas redondas, debates a varias bandas, supuestas entrevistas serias… Se decían tonterías sin cuento. Recuerdo que, en una tertulia vociferante y maleducada, uno de los participantes, persona capaz de opinar y sentenciar sobre cualquier cosa, me dijo:

—Una persona bien informada me ha asegurado que estos "bichos" (sic) son capaces de tener más de veinte crías vivas en un parto. Si esta que se ha escapado está preñada, pues… ¡Vaya peligro! ¿No cree usted?

Me quedé petrificado. Aquel "animal" no sabía que los dinosaurios, todos los dinosaurios, que se sepa, eran ovíparos. No parían, sino que ponían huevos ¿Cómo decírselo? Pues pensé que lo mejor era directamente:

—Verá usted. Los velociraptores eran ovíparos. Es decir, que ponían huevos ¿me entiende usted? No daban a luz "crías" vivas. Y nunca creo que pusieran más de cinco o seis huevos —me había informado—. La supervivencia debía ser moderada.

Dejé de acudir a aquellas payasadas mediáticas, máxime cuando constaté que la cuestión más importante nadie la formulaba nunca. No parecía interesar. A pesar de que esta especie de animales sólo están presentes en el trabajo de los paleontólogos o en la imaginación de algunos escritores de ciencia ficción, la pregunta que yo consideraba básica era, sencillamente, esta: ¿qué diablos hacía un dinosaurio en un garaje de un bloque de viviendas de clase media en un barrio normal de una ciudad normal? ¿Cómo había llegado hasta allí? ¿Y hacia dónde se fue para que nadie lo viera nunca más?

A mí me parecían cuestiones importantes, pero que no parecían interesar a los responsables de los medios ¿Volvería a aparecer con menos fortuna para los humanos? ¿Sólo o acompañado? ¿Quién sabe? Tal vez…

A partir de este incidente tuve siempre la precaución, cuando bajaba a la cochera, de tener preparada una vía de escape... Nunca se sabe lo que se puede encontrar en el fondo de un garaje, un lugar húmedo y sombrío que produce mucha inquietud, por lo menos a mí. Probablemente, porque en ese espacio, les advierto a ustedes, parecen existir pasarelas espacio-temporales con el pasado más remoto ¡Hay que tener mucho cuidado con las "visitas" de tiempos pretéritos que se pueden recibir! Bueno, esta pasarela lo es también con el futuro, con el futuro más lejano, como pude comprobar un tiempo después. Pero eso es otra historia que contaré más adelante, cuando esté del todo repuesto de lo que se me vino encima desde el futuro.

PD. El policía herido, única víctima del asunto, mejoró de sus lesiones en unas semanas. Recibió una medalla por su heroicidad. A mí me olvidaron pronto, lo que fue de agradecer.

Sevilla, enero 2015.

Nota Posterior: Pasado un tiempo olvidé el asunto, hasta que el triunfo presidencial de un personaje deplorable, en Estados Unidos, me hizo recordar este episodio de la aparición del dinosaurio en nuestro tiempo… ¿Por qué sería?

Aquellos Cachivaches

La modernidad se manifestó en nuestro país en el área doméstica durante los años sesenta y setenta del siglo veinte, entre otras muchas cosas, mediante la aparición de algunos aparatos para uso casero. Tenían la pretensión de facilitar el trabajo y la vida a las familias españolas. En muchos órdenes: cocina, vestido, ocio e incluso en el estudio de los hijos. Surgieron al calor del desarrollismo de esos años y puede considerarse que fueron, por mérito propio, emisarios de la modernidad y la prosperidad en los hogares españoles… sobre todo de clase media.

Sin ánimo de hacer un inventario, podemos recordar las neveras eléctricas o frigoríficos, las ollas exprés, los molinillos eléctricos de café, las sartenes especiales, las mantas eléctricas, las sandwicheras, las cocinas a gas butano, las lavadoras (la pionera fue la BRU, que mareaba la sucicdad obligándola a abandonar la ropa), las yogurteras, las "corta fiambres" manuales, las cafeteras exprés "italianas", los magnetofones Ingra, las máquinas de tricotar, las batidoras Turmix, de vaso de cristal inmenso, las fondues, los tocadiscos o pick-ups, los recipientes de plástico o "tupperwares", los inmensos televisores en blanco y negro… El lector puede aumentar esta nómina con objetos y aparatos que no figuren en ella y que formen parte de sus vivencias.

Había muchos más. Algunos supusieron auténticas innovaciones, casi diríamos que revoluciones en la gestión de los hogares y permanecen hoy en día en versiones más evolucionadas; otros, a los que me quiero referir aquí, fueron más efímeros, terminaron por ser arrinconados, a veces pese a un gran éxito inicial.

De todos ellos, me gustaría recordar tres, por su aparente impacto en la vida familiar: la "tricotosa" o máquina de tejer piezas de lana, la yogurtera y la sandwichera. Estas dos últimas servían para lo que sus nombres indican.

La tricotosa entraba en las casas cuando alguna vecina o la parienta de turno, convencía a la madre de familia del gran ahorro que significaba confeccionar sus propias prendas de lana, jerséis, bufandas, vestidos o guantes, incluso calcetines. Había que hacer un esfuerzo económico para adquirirlas, porque no eran baratas. Pero claro… ¡se iba a ahorrar mucho dinero en ropa! Una vez instalada la máquina en algún lugar apropiado, a veces difícil de encontrar porque eran un poco grandes, casi unos mamotretos, y las viviendas más bien pequeñas, empezaba lo que podríamos llamar la fase de "producción de prueba". Los primeros resultados dependían de la habilidad de la maquinista, casi siempre la madre, y de la complejidad y amplitud del "proyecto" textil que tuviera en la cabeza. Estos resultados iniciales no eran demasiado buenos, por lo general. A esta fase experimental sucedía la de producción propiamente dicha. Todos los miembros de la familia eran sometidos a puntillosas mediciones e innumerables pruebas para confeccionar alguna prenda de lana. Paralelamente, empezaron a proliferar las tiendas que vendían ovillos de lana, con el propósito de suministrar materia prima a una auténtica miríada de tricotosas instaladas en numerosos hogares. Además, las redes sociales de la época: el boca-oreja, el cara a cara o, en versión más moderna, el teléfono, se ocupaban de difundir técnicas de confección y diseños de ropa.

Poco a poco, ante el ojo observador de alguien venido de fuera, el aspecto de los españoles y de las españolas cambió a todas luces.

Por todas partes se veían prendas de lana, de colores estridentes y llamativas formas. Con un diseño que hoy diríamos *"vintage"*, de *"Cuéntame"* vamos, los ciudadanos, entonces sólo súbditos, se iban arropando.

Eran notables los jerséis de lana y las bufandas, las prendas más visibles, pero había de todo, por ejemplo, mantitas para el salón e incluso todavía más, fundas para los grandes televisores de entonces.

Las madres se convirtieron en una fábrica difusa, en auténticas autónomas sin papeles que fabricaban ropa de lana a gran escala. Y los miembros de la familia, en sufridores de aquellas pulsiones. Aquello de *"¡Fulanito, ven para acá que te voy a tomar medidas para hacerte un jersey!"* llegó a convertirse en una frase que ahuyentaba a la gente *¿Otra vez?* Respondía el Fulanito interpelado *¡Pero si ya me has hecho tres!* Lo que empezó siendo una novedad curiosa y continuó como un aparato práctico, al final se convirtió en una pesadilla familiar. Incluso creaba adicción, llegando la madre a abandonar casi cualquier ocupación doméstica o social, por la "misión" que se había encomendado en la unidad familiar: vestir y revestir a sus miembros con sus propias manos. En resumen, que aquello devino una obsesión que estuvo a punto de dar al traste con el equilibrio de muchas familias. Afortunadamente, fue una moda que pasó y que hoy recordamos con una sonrisa. Los resultados pueden documentarse en numerosos álbumes de fotos de aquella época que guardamos en nuestras casas. Aún se venden estas máquinas, pero se habla ya poco de ellas.

La sandwichera entró en las cocinas favorecida por dos insidiosos rasgos: era barata y además muy práctica, pues quitaba trabajo. Según se decía entonces, era muy útil para las cenas. Se podía hacer gran variedad de sándwiches, metiendo dentro del pan de molde, otra innovación de aquellos años, cualquier producto más o menos comestible. Con preferencia, claro está, hacia el queso chicle y el jamón york de cartílago, dos alimentos a la sazón de poca calidad, pero baratos y muy extendidos. La verdad es que se podían hacer los sándwiches de casi cualquier cosa. Había que procurar, por supuesto, untar con mantequilla ese pan tan novedoso para que el resultado fuera sabroso.

Lo que ocurrió es que el olor de los hogares españoles, sobre todo por la noche, cambió sustancialmente. Del olor a guisote y fritanga del que hablaban los viajeros románticos que recorrían nuestro país en el XIX, se pasó a un olor igualmente penetrante a mantequilla frita, un poco repugnante en mi opinión, pero que posiblemente nos igualaba a nuestros vecinos del Norte, con los que aspirábamos a estar asociados por aquella época. El producto resultante de esa cocina era un disparate gastronómico difícil de digerir por las noches, que impregnó de un fuerte aroma todas las viviendas y, al parecer, contribuyó a desequilibrar nuestras analíticas. Afortunadamente, los médicos debieron de declarar la guerra a este producto incomestible, por sus insanas consecuencias, porque el caso es que el artefacto que lo producía no duró mucho. Fue desapareciendo de las cocinas de nuestras casas y hoy es ya, en la mayoría de las familias, un recuerdo lejano.

La yogurtera, otro de esos artefactos, entró en nuestros hogares con otro lema: los yogures son sanos para la salud, prodúzcalos usted de forma práctica e inmediata en su propia casa. Hasta ese momento los yogures o "danones" (por la marca) no eran productos habituales de nuestra cocina. Como el jamón serrano, se les daba a los enfermos y poco más. La leche y sobre todo el queso, sí formaban parte de nuestros hábitos, pero no otros derivados. El yogur se instaló de inmediato en nuestros hogares, de manera que, un producto que antes era una "delicatesen" o algo para dar a los dolientes, se convirtió en alimento habitual. Era fácil producirlos con ese cachivache, incluso diría que en gran número. Después de producidos había que comerlos pronto, porque al ser tan naturales, se estropeaban enseguida. Una vez consumidos, se reiniciaba el ciclo con una nueva producción y… ¡a comer yogures de nuevo! Poco tiempo después de la aparición del aparato, la familia se encontraba exhausta de tanto ingerir yogures. Terminaron por ser detestados por mayores y pequeños, anulándose así el posible beneficio para la salud. Además, el mercado terminó por abaratar los costes de producción y los yogures se convirtieron en productos baratos para comprar. Ya no había necesidad de producirlos en casa, los tenían a buen precio en el supermercado de la esquina. La yogurtera terminó por ir a parar a esos lugares mágicos donde van todos los cachivaches a los que me refiero: los armarios altillos de los pasillos y habitaciones, los cuartos trasteros de nuestras casas o incluso las estanterías de los fondos de los garajes. Allí esperan ser descubiertos en el futuro por algunos caza-tesoros dedicados a recuperar objetos periclitados, pero que ahora tienen un mercado *vintage* nada despreciable.

Pero la historia no acaba aquí. Como bien saben los historiadores, los antropólogos y, algo también, los sociólogos, cada época tiene sus propios artefactos para vehicular la modernidad, para hacerla llegar al conjunto de la sociedad, con frecuencia, a través de los hogares. Aquellos viejos y pintorescos cacharros han sido sustituidos por otros, más perfeccionados, más caros y mejor pensados para evitar ser eliminados tan fácilmente. Los nuevos cacharros, tecnológicamente muy avanzados, por lo que se refiere a la cocina (*Cocinar hizo al hombre*) prometen ahorro de tiempo (¡Ay si Stephen Hawking pudiera opinar sobre este asunto!) y resultados de calidad. Nuestras casas empiezan a ser invadidas por robots de cocina, aspiradoras automáticas, máquinas de café en cápsulas, freidoras sin aceite… Efectivamente, es la historia de nunca acabar. Los hogares parecen ser el campo de Agramante donde tratar de resolver las tensiones entre la vida doméstica, privada, los avances tecnológicos y las agresivas prácticas comerciales de grandes compañías, con sus cantidades inmensas de productos fabricados en China. A veces pienso que esta era la verdadera estrategia maoísta a largo plazo: hacer accesibles los productos a las grandes masas a precios asequibles sin preocupaciones por la calidad, haciendo cada vez más grande a China.

Sevilla, febrero 2015.

Aísha Qandisha

Para los niños criados en Marruecos, la Aísha Qandisha era y es un personaje fabuloso de recurrente referencia. Por lo menos para los de mi edad. Una aliada de las insidias paternas (y maternas) ¿Que no querías tomarte la sopa? Pues llamo a la Aísha Qandisha ¿Así que no quieres comerte el pescado? Pues se lo digo a la Aísha Qandisha para que te lleve ¿Que no quieres dormir la siesta? ¡Pues se lo voy a decir a la Aísha Qandisha y ya vas a ver tú lo que te hace! Y así, un largo etcétera de invocaciones que, en aquellas latitudes, para los rebeldes infantes como yo, hacían las veces de "el coco", "el hombre del saco" o incluso el "sacamantecas" de la tradición peninsular. Era la Aísha Qandisha un aliado de los padres y sobre todo las madres, que no sabían cómo meter en vereda a sus díscolos vástagos.

Pero, claro, dirán los lectores, aunque ya imaginen algo… ¿quién es esa Aísha Qandisha? Pues se trata de un ser femenino imaginario de la cultura popular marroquí, equiparable a otros mitos de otros lugares, como luego veremos. En realidad, un personaje que cumple poco, o mejor dicho nada, con los preceptos de género, pues, aunque genio, es mujer. Mejor cabría decir, sin ambages, que es una bruja.

Hay que empezar explicando que se trata de un personaje mitad bruja, mitad ninfa, con cuerpo de mujer, cabello de fuego y patas de cabra o de dromedario, según las zonas. Suele seducir, llevándose, a los hombres a quienes se aparece. Es uno de los *djinn* (demonios, genios) propios de la cultura árabe, aunque en este caso sea más bien bereber. En realidad y según la tradición, antes de la revelación de la palabra de Allah al profeta Mahoma, el mundo estaba lleno de estos genios que molestaban a la gente y, a veces, hacían la vida insufrible. Moraban en cualquier sitio: las arenas del desierto, una roca, un palmeral, un pozo de agua… El Islam los sometió a control, enviando a la mayoría de ellos al infierno. Pero algunos, como el caso que nos ocupa, aparecen a veces para confundir a los creyentes. Suelen manifestar su presencia al anochecer o al amanecer, a esas horas en que la luz del día prácticamente ha desaparecido o está llegando, pero aún no ha triunfado y las formas son ambiguas, poco claras. Caminar a esas horas por las proximidades de los sitios donde se supone que moran no es recomendable. Hay que tener mucho cuidado con ellos; deben hacerse invocaciones a Alá y a su profeta Mahoma. En el caso de la Yebala, región del Norte de Marruecos, tampoco está de más pedir la intersección del santo regional, Moulay Abdeslam Ben Mchich (que está enterrado cerca de mi pueblo), si no se quiere sucumbir a los encantos de este hermoso ser infernal.

La norma manda que a la Aísha Qandisha no hay que hacerle ninguna concesión. Por muy atractiva que parezca, no deben escucharse sus palabras y ha de ser rechazada sin titubear. Si llega a poseer a alguien, le dejará secuelas irreparables para siempre. El "poseído" puede volverse loco de atar o adquirir una enfermedad pérfida de carácter mental de imposible cura. Incluso en casos extremos, puede ser llevado hasta un río o arroyo próximo, donde suele habitar el *djinn*, y allí ser ahogado sin piedad. No obstante, otras veces, su aparición es fingida y se utiliza como excusa para justificar un retraso o el incumplimiento de una tarea desagradable ¡Se me apareció la Aísha Qandisha y no pude hacerlo!

Según Mohammad Ibn Azzuz Hakim, en su Diccionario de Supersticiones y Mitos Marroquíes, *"la Aísha Qandisha se casa con todos los hombres con quienes se encuentra y le gustan. Al querer poseerlos, los atrae con dulces insinuaciones hasta subyugarlos, obligándoles a seguirla hasta el río que habita, donde los ahoga"*.

Hay quienes asocian su origen con los cultos introducidos por los fenicios y, en tiempos más recientes, la Aísha Qandisha (la condesa Aisha) se afirma que pudiera ser una hija del conde D. Julián, el noble visigodo gobernador de Ceuta que, según la leyenda, facilitó a Tarik y sus soldados, por venganza, el paso del Estrecho para la posterior conquista de Hispania. Algún autor, como Tahar Ben Jelloun, se refiere a ella como una mujer marroquí de la zona de Essaouira, la antigua Mogador, que tomaba cumplida venganza, mediante la seducción y posterior muerte, contra los soldados portugueses que habían ocupado la ciudad, por las sevicias que los conquistadores habían cometido con su familia. Una guerrillera de entonces. Estos personajes, casi con toda seguridad, son invariantes provenientes de culturas ancestrales de la cuenca del Mediterráneo y de otras regiones de Europa, África e incluso América.

Curiosamente, este personaje se asemeja a otro ser mágico, del mundo de las hadas malas o brujas, que también aparecía en mi infancia. Pero, esta vez, a muchos kilómetros de distancia. Se trata de la *Xanas* del folclore astur. Seres fantásticos, de enorme belleza, que utilizan sus encantos para perder a los jóvenes confiados o que quieren aprovecharse de ellas. Y también lo hacen, por lo general, junto a cursos de agua, abundantes en las Asturias. En Portugal, en la ciudad de Olhão, en el Algarve, existe una leyenda similar, la de la *moura Floripes,* que vivía en el lugar de Sobrado. Este personaje, que se dedicaba a secuestrar jóvenes, cuando fue descubierta, terminó marchando, en compañía de su compinche Zé, para el Norte de África.

Se puede escribir mucho sobre la Aísha Qandisha y sus "primas" de otras culturas: las ninfas griegas, la sirena Yara brasileña, el Almamula del Norte de Argentina…, etc. Creo que nuestras madres, aunque "habían oído campanas", no sabían con exactitud quién era la Aísha Qandisha. Tampoco era necesario. Intuían que aquellos seres fabulosos podían ayudarlas en su difícil cometido y acudían a ellos. En mi caso concreto, es que no me gustaba mucho el pescado, tampoco la sopa, aborrecía ya la carne de jabalí y la siesta me parecía un aburrimiento. Asuntos todos ellos que, como sabe el lector, son de la directa y exclusiva competencia de las brujas de cualquier cultura. Pero no guardo rencor a la Aísha Qandisha por el miedo que en su nombre me metieron en el cuerpo. Incluso debo confesar que no me importaría encontrarme con ella, naturalmente tomando las debidas precauciones, es decir, nunca en un sitio solitario y sólo para charlar un rato. Debe conocer muchas historias interesantes…

Tetuán, noviembre 2014.

UNA HISTORIA ARGENTINA

Argentina es un país al que me siento ligado por muchas razones, entre ellas familiares. Vaya por delante que al contar lo que sigue, lo hago con todo el respeto y el cariño que tengo a los argentinos. Aunque lo que voy a relatar no es una historia de ficción, sino algo que ocurrió hace bien poco. A comienzos del año 2015.

En el mes de enero de ese año, decidí enviarle un libro a una amiga muy querida de todos nosotros, que vive en la ciudad de Salta, al Norte de Argentina. Lo que le ocurrió a mi amiga Beatriz (nombre de connotaciones legendarias y que, junto al topónimo anterior, es lo único inventado del relato, por razones de privacidad), por increíble que parezca, sucedió como se cuenta.

Hice un paquete con el libro, lo llevamos a Correos y se lo enviamos certificado a la dirección que nos facilitó. Pasado un tiempo prudencial, me puse en contacto con ella. Me comunicó que aún no tenía noticia del envío. Había que esperar un poco.

Efectivamente, días después me llegó un mensaje: "Me han llamado de Correos para que pase a recoger el libro". Aquello me intrigó… ¿en Argentina no llevan el correo a casa? Pero no le di importancia, porque en todas partes, cuando no estás en casa, el cartero te deja un aviso en el buzón para que pases a recogerlo a la estafeta. Bueno, en casi todas partes, pues en mi calle, en aquella época, el cartero, supongo que para abreviar el trámite de llamar a tu puerta a ver si estás o no, se limitaba a dejar el aviso, aunque estuvieras en casa. Como me dijo una vez, "así me evito tener que subir a su casa para nada"… Creo que lo han expedientado.

Volviendo al asunto, unos días después recibo el siguiente mensaje de Beatriz. Trascribo la conversación que tuvo en Correos.

—*Buen día. Venía a recoger este paquete* —dijo Beatriz enseñando al funcionario el aviso—.
—*A ver señora. Espere un minuto. Ah, sí. Este es un libro que viene de España, ¿no es así?*
—*Así es ¿Me lo puede dar?*
—*Me temo que eso no es posible por ahora. Siguiendo el procedimiento establecido, hemos pasado el asunto a la DGI,* (la Dirección General Impositiva, el equivalente a la Agencia Tributaria en España).
—*¿Cómo? ¿A la DGI? Pero ¿por qué? ¿Qué problema hay con el libro?*
—*Es un libro que viene del extranjero. Pero vaya usted a allá y ya le dirán…*

Mi amiga se quedó perpleja. Pero decidió ir al día siguiente a la Hacienda a ver qué pasaba. Nuevo mensaje con el resultado de la gestión y nueva transcripción de la conversación. Este asunto que, en principio parecía simple, empezaba a adquirir los tintes de una pintura algo surrealista. Ahora resulta, pensaba ella mientras volvía a su casa, que el cuerpo de Correos, los en otro tiempo prestigiosos carteros, hacían causa común con la Policía Fiscal. Eran sus aliados en la lucha contra el fraude, la contestación, la divergencia…

Se presentó al día siguiente en la oficina de la DGI de su provincia:

—*Buen día.*
—*Buen día. Verá* —le dijo al funcionario de la DGI que la atendió— *vengo por causa de un libro que me enviaron de España por correo. Los del Correo dicen que no me lo pueden dar sin antes pasar por aquí.*

—¿Cómo se llama? A ver… ah, sí, la tengo acá en esta lista. Usted recibió un paquete por correo del extranjero, paquete conteniendo presumiblemente libros ¿no es así?

—Sí, así es. Bueno, es un solo libro. Pero ¿por qué tengo que hablar esto con ustedes?

—Verá, existe un presunto delito de fraude fiscal.

—¿Cóoomo dice? ¿Un delito fiscal recibir un libro desde España?

—Perdone, he dicho presunto delito. El procedimiento aún no está instruido ni mucho menos resuelto. Esto de recibir libros desde el extranjero es un asunto tratado en la nueva normativa que regula los derechos y obligaciones impositivas de los argentinos.

—Está bien ¿Con quién puedo hablar para aclarar este asunto?

—Déjeme ver —dijo el funcionario, que desapareció por una puerta. Volvió al cabo de unos minutos—.

—Pues aún no puede hablar con nadie. Tenemos mucho trabajo, pero mucho, y aún no hemos podido asignar "su caso" a algún funcionario para que lo analice. Vuelva usted dentro de una semana.

—¡Una semana!

—Sí, ya le he dicho que con esto del fraude tenemos mucho trabajo.

Mi amiga se retiró incendiada de indignación, pero sin poder hacer otra cosa que pensar en eso de que Argentina pretende ser un país del primer mundo, aunque manteniendo en la Administración comportamientos del tercero. Mientras tanto, no quedaba sino esperar.

A la semana, nueva visita a la DGI. Menos mal que el funcionario que la atendió era el mismo que la otra vez y recordaba el caso.

—Aguarde un momento… Sí. Creo que la puedo pasar con el "Doctor" Fulano, que lleva "su caso".

Tras unos minutos de espera, el funcionario aparece de nuevo y le dice:

—Pase por acá, el "Doctor" la está esperando.

Fue conducida a un despacho abarrotado de legajos y papeles por todas partes. Un señor encorbatado, el "Doctor", le indicó que se sentara mientras buscaba algo en aquel muestrario loco de papeles sin cuento. Al final, encontró el documento que buscaba y comenzó a leerlo. Cuando terminó se dirigió a Beatriz:

—¿Es usted Beatriz de Tal?

—Sí, señor.

—Bien, por lo que veo en este documento, tenemos abierto un requerimiento informativo sobre la posible importación de libros de forma fraudulenta.

—Pero ¿qué dice usted? Se trata de un único libro que me ha dedicado y enviado el propio autor desde España.

—Mucha gente alega eso para eludir el pago de los impuestos. ¿Cuál es el valor del libro?

—No tengo ni idea. Es un regalo.

—¿Por qué compra usted libros fuera del país, cuando hay tantos libros lindos editados en Argentina?

—¿Cómo dice? Le he dicho ya que es un regalo. No creo que ese libro se venda en Argentina, sólo en España. Hay que traerlo de allá.

El "Doctor" arqueó las cejas al oír esta respuesta.

—Bien. Muy interesante. Reconoce que es un libro que se compra en el extranjero ¿No sabe que esa compra está gravada con un impuesto? ¿De qué trata el libro?

—No lo sé. No he logrado verlo. Si me lo dan, lo leo y luego le cuento. Ya le he dicho que es un regalo, ¡un REGALO!

—Eso dicen muchos. Lo estudiaremos para ver que disposición tomamos. Le ruego que nos traiga su declaración de renta del año pasado y una declaración de sus bienes patrimoniales.

—¿Cómo? ¿Qué dice? ¿Qué tienen que ver mis ingresos o mi patrimonio con el libro?

—Señora, yo no hago las leyes ni los reglamentos. Sólo velo por su cumplimiento, aplicándolas. Ese es mi trabajo. La espero mañana. Bueno, mañana día 18 no, pues el Gobierno de la Nación lo ha declarado feriado.

Beatriz salió que se la llevaban los demonios. No podía creer este asunto kafkiano ¡Y todo por un libro! Pero a ella no la iban a vencer estos burócratas de m… *Así que prepararé los papeles. Y pasado mañana…*

Una vez que Beatriz abandonó la oficina, el Doctor se quedó con la vista perdida, abstraído en sus pensamientos:

—¡Cuánto trabajo tengo que hacer para enfrentarme a tantos evasores! Los hay a miles, supongo que a millones. En este país no hay conciencia fiscal alguna. Aplicar las leyes no es una tarea fácil. Nadie me va a agradecer este esfuerzo titánico por servir a la Nación. Ni mis jefes inmediatos aquí en esta provincia de m… ni los supremos en Buenos Aires. Seguro que la "Señora" ni siquiera sabe de la existencia de este abnegado cumplidor del deber. Y, sin embargo, personas como yo son los fundamentos del edificio de la Patria ¡Uf, qué cansancio! Voy a salir a tomar un café para recuperarme de tanta tensión…

Beatriz se puso a recopilar los documentos pedidos, lo que le llevó algún tiempo. Mientras lo hacía recordó que, en muchos países avanzados, a los que Argentina quería parecerse, nunca se le pide a un ciudadano un documento que tiene en su poder la propia Administración, como era el caso de sus declaraciones de ingresos y de patrimonio, *pero claro, nosotros no somos todavía del primer mundo, incluso a veces pienso que ni del tercero…*

Después de compilar y preparar los documentos, tuvo que compulsarlos ante la Administración y pagar las correspondientes tasas por compulsa. Aquel maldito libro le estaba consumiendo, no ya su tiempo sino también su bolsillo ¡Una gracia!

Por fin, provista de los documentos, se volvió a presentar en la oficina de la DGI donde, después de esperar un buen rato, la recibió el Doctor.

—*Buen día. Ya veo que trae los documentos que le pedimos. Vamos a ver.*

El Doctor paseó sus ojos alternativamente por las páginas de los documentos y por Beatriz, a ver qué efecto causaba su prolija exploración en aquella cara, dotada de gran belleza por cierto, y cuyos ojos expresaban una gran inteligencia. Después de mantener el suspense durante largos minutos, concluyó:

—*Bien. Parece que está todo correcto. Servirán para incorporar al procedimiento.*

—*Estupendo ¿Y cuándo tendré el libro?*

—*Bueno, ahora hay que instruir un procedimiento. No es tarea fácil. Exige mucho esfuerzo, concentración y tiempo. Acá somos muy pocos y tenemos mucho trabajo. No aumentan el personal desde hace tiempo…*

—*OK. Pero… ¿Para cuándo estima que podré tener el libro?*

—*Calculo, yendo las cosas bien, que el procedimiento estará finalizado en diez o doce días.*

—*¿Tanto tiempo? No lo entiendo…*

—*Ya le dije que no es tarea fácil. Si dentro de dos semanas no le hemos comunicado nada, pásese por aquí para ver cómo va "su caso".*

Beatriz salió de la oficina hecha un basilisco. Con ganas de abandonar la pelea. Pero fue un momento de debilidad ¿Una luchadora como ella abandonar ante aquel atropello? *Nunca, nunca. Seguiremos hasta el final.*

Pasados más de quince días, al no recibir comunicación de la DGI, decidió pasarse por allí.

Naturalmente, el "Doctor" no estaba, pero volvería en unos minutos, si gusta esperar… Pasada una hora por fin apareció y al ver a Beatriz la saludó invitándola a pasar a la oficina.

—*Buen día… ¿cómo le va?*

—Pues ya ve, aquí, a preguntar cómo va "mi caso", pues hace más de quince días que entregué toda la documentación y…

—Y este, verá. Hay un problema con su caso.

—¿Otro más? ¿De qué se trata ahora?

—No. En realidad, es un problema nuestro y es que la ley dice de gravar los libros importados del extranjero, pero no dice nada si es un solo libro, como es su caso.

—Bien. Lo dije desde el principio. Era un solo libro, regalo directo del autor, un oscuro escritor español, muy poco conocido y que no hace negocio de esto. Es un buen amigo, por eso me envía el libro ¿Entonces me lo puedo llevar ya?

—No, verá. Para asegurarnos de que todos cumplimos la Ley, hemos evacuado consulta con la DGI central en Buenos Aires. Allá tienen buenos juristas y sabrán interpretar la norma en este caso. Además, fueron ellos los que redactaron la ley que otros tenemos que aplicar.

Beatriz estaba próxima al desvanecimiento. En estado de shock. No entendía nada ¡Manga de inútiles! ¿Cómo se puede hacer un país moderno con semejantes ejemplares? Logró reponerse y preguntó, con un hilo de voz ya:

—Entonces, ¿cuándo "sabremos algo"?

—Oh, eso puede demorarse al menos un mes. Allá tienen mucho más trabajo que acá. Pero no se preocupe. Como he sido yo quien evacuó la consulta, estaré encima del caso hasta obtener respuesta. Lo tomo como algo personal. No se preocupe. Le avisaremos en cuanto sepamos algo, se lo garantizo.

Salió absolutamente desmoralizada y cuando llegó a su casa se desplomó en la cama, sollozando sin control. Después de un rato se repuso, pues es una mujer de gran entereza que ha tenido que sobreponerse a problemas de mucho mayor calado. Aunque puede que no tan embrollados. *Trataré de olvidarme. Ya me avisarán desde la DGI. Me voy a centrar en mis cosas. Lo siento por Luis que es una víctima colateral inocente de este estado de cosas en mi país. Cuando tenga ánimos le escribiré, le agradeceré el envío y le pediré que me guarde un ejemplar para cuando vaya a España, porque aquí creo que no lo conseguiré.*

Sin embargo ¡oh sorpresa!, no habían pasado ni tres semanas y recibió una llamada desde la DGI. El interlocutor le dijo, en nombre del "Doctor", que naturalmente no se encontraba en ese momento, que "Buenos Aires" había resuelto favorablemente su caso y que, pasados unos días (de nuevo), podía acercarse a recoger el libro en la oficina de Correos.

Por las dudas, dejó pasar tres días y luego se acercó a Correos. Aún no había llegado la autorización de la DGI, pero era "inminente su arribo". Por fin, dos días después le fue entregado el libro. Beatriz lo llevó a su casa como si se tratara de un tesoro y se puso a leerlo con calma y con la satisfacción que da haber logrado algo muy importante. No en vano, pues el esfuerzo de conseguirlo no debía haber sido inferior al de escribirlo.

En resumen, si quieren ustedes enviar un libro a un amigo o amiga que viva en Argentina, piénsenlo bien, pues puede que le hagan pasar un calvario antes de conseguirlo. En vez de un regalo, puede que le estén enviando una maldición. Sería mejor que viniera a recogerlo acá a España, si no fuera por el viacrucis que tienen que pasar ahora los argentinos para poder salir del país. Pero esa es otra historia…

Sevilla, abril 2015.

PD. Un tiempo después de escribir esto, en Octubre/Noviembre, se celebraron elecciones presidenciales en Argentina. Ganó Mauricio Macri, que era la oposición al partido "reinante". No estoy en condiciones de decir si la situación que se describe en el texto ha cambiado ya o no. Lo sabremos.

UNA ROTURA EN EL CEREBRO

Ocurrió en la piscina donde suelo pasar un rato largo por la mañana. Es un sitio plagado de gente mayor que trata, tratamos, de ganarle alguna batalla a los estragos del tiempo, al menos durante una temporada. Con resultados desiguales y transitorios, todo hay que decirlo. A veces más esperanzadores, sobre todo en el corto plazo.

Un día entró a hacer ejercicio una chica joven, muy agraciada, que caminaba, con la ayuda de una muleta y con cierta dificultad, hasta el borde de la piscina. Cuando entraba en el agua hacía unos ejercicios concretos de rehabilitación apoyando mucho el cuerpo en el pie.

Me fijé en ella e imaginé alguna historia personal vinculada a algún accidente, operación quirúrgica o enfermedad, que es la casuística más frecuente en ese lugar.

Como suelo hablar con la gente, a la cuarta o quinta vez de coincidir e intrigado por su posible mal, aproveché un momento de proximidad para atacar conversación con ella:

—*Hola. Buenos días ¿Cómo vas?*
—*Hola. Pues yo creo que mejor con estos ejercicios.*
—*Y lo tuyo, ¿qué ha sido, un accidente o una enfermedad?*
—*Un accidente. Tuve una "rotura de cerebro" corriendo una media maratón. Es que soy muy aficionada al deporte y se ve que el esfuerzo… Ahora estoy haciendo este ejercicio apoyando el pie en el fondo, para que el pie aprenda de nuevo a reconocer lo que pisa, que hasta ahora resultaba difícil.*

Nunca había escuchado lo de la rotura de cerebro, pero hay que reconocer que el pueblo suele hablar así. Grasa en el corazón, por el colesterol; salirse el líquido de la rodilla, por el líquido sinovial, dar un aire por un ictus, estar enfermo de los nervios por depresión… Debió ser algún accidente cerebro-vascular por el esfuerzo enorme que exige ese deporte también extremo, que es la maratón. Siempre he pensado que el ejercicio hay que hacerlo con moderación y que llegar a esos excesos reporta al organismo más inconvenientes que beneficios. Pero volviendo al asunto, me dio mucha pena la situación de aquella mujer joven, víctima de algún derrame cerebral que le había acarreado evidentes dificultades motoras. Por los casos que conozco en mi entorno, este tipo de lesiones vasculares dejan secuelas que exigen mucho esfuerzo para ser corregidas. En este caso, al tratarse de una persona joven, tal vez fuera más fácil la rehabilitación, pero en cualquier caso, una faena larga y continua. El entrenamiento al pie para que reconociera de nuevo, era una prueba de las dificultades cognoscitivas que suelen acompañar este tipo de lesiones.

Me quedé muy impresionado con aquel asunto. Sabía que en estas pruebas se suelen producir desfallecimientos e incluso muertes por accidentes coronarios graves. Pero no sabía que también podían producirse accidentes cerebrales de ese tipo. Lo comenté con mi mujer, que también interpretó que debía ser algún accidente vaso-cerebral.

Me dio mucha pena que una mujer joven tuviera que enfrentarse a aquella enfermedad y más por haber practicado, tal vez en exceso, una actividad que le gustaba.

Seguí pensando en ello y cada vez que la veía me entristecía. Terminé por comentar el asunto con Mariana, nuestra monitora.

—*Hola Mariana. Mira, ¿ves aquella chica que camina con la muleta?*
—*Ah, sí. Fulanita ¿qué pasa con ella?*
—*Pues que me ha comentado que está así por causa de un accidente terrible que se produjo corriendo una maratón.*
—*Sí. Fue tremendo, pero parece que se recupera. En dos o tres meses estará como nueva.*

—*¿Cómo? Pero si me dijo que se había producido una rotura cerebral. Creo que se refería a un ictus o algo así.*

—*¿Queeé dices? ¿Qué es eso de la rotura cerebral?*

—*Eso es lo que ella me dijo.*

—*Pues lo oíste mal o no te enteras ¡Se trata de una rotura, sí, pero del fémur! De la cabeza del fémur de la pierna ¡Rotura cerebral! ¡Tú estás bueno! Estas un poco chalado tú…*

—*Es lo que creí entender…*

—*Bueno, pues no es eso. Tuvieron que operarla, de urgencia, pero ya ves que se va recuperando. El exceso de ejercicio a veces tiene estas consecuencias. Parece que el hueso se rompió por la tensión muscular, no por una caída, y que al romperse cayó al suelo. Fue al revés de lo que suele suceder…*

El asunto quedó felizmente aclarado. La lesión fue grave, pero no tanto como había creído entender yo. Por otra parte, mi opinión sobre el exceso de ejercicio no quedó en entredicho. Es más, parecía contrastada, hacer ejercicio o deporte en exceso, de competición y con un esfuerzo extremo, causa siempre lesiones. Los gimnasios y las piscinas están llenos de lesionados. Sin ir más lejos, yo mismo… pero es otra historia que tal vez no interese a los lectores.

Sevilla, junio 2015.

XAUEN

Xauen, Chauen, Chefchauen, de todas estas formas puede verse escrito el topónimo. Incluso en las afrancesadas Chaouen o Chefchaouen, que es la oficial ahora en lengua extranjera en Marruecos. En árabe se escribe Shifshāūin, شفشاون. Etimológicamente, parece que significa "mira (Chuf) los cuernos (Shauin, voz bereber arabizada)", en referencia a los dos picos (el Magú y el Tisuca) que se ciernen sobre la ciudad como un pétreo e inmenso telón de fondo. Pero esta etimología, aunque puede tener una base de verdad aproximada, es tal vez más una leyenda al gusto de los visitantes, para decir a los turistas, que una explicación científica. Con el significado de los topónimos, si no son evidentes, hay que tener siempre mucho cuidado.

Ciudad poblada con andalusíes y sefardíes (musulmanes y judíos) que huían de la Península ante el empuje final de los ejércitos cristianos en la conquista de lo que quedaba del antiguo territorio musulmán. Fue fundada en 1471 y parece ser que, además de para recoger a los inmigrantes peninsulares, también con el objetivo militar y estratégico de hacer frente a las incursiones portuguesas desde las costas atlánticas, en aquella época una amenaza continua y un peligro real, en el marco de las conocidas como "guerras del trigo", impulsadas por los lusitanos en el norte de Marruecos.

Fue creciendo a medida que, en la Península, se producían las expulsiones de los moriscos durante los siglos XVI y XVII. Desde su fundación, fue escasamente visitada por los occidentales, lo que contribuyó a su mito de ciudad desconocida, misteriosa o santa. Parece que el viajero francés Charles de Foucault la visitó en 1883. En 1926 accede a la "modernidad" mediante la expeditiva fórmula de la ocupación militar española. Poco después, fue añadida definitivamente al territorio del Protectorado Español en Marruecos. Los españoles construyeron en Xauen un pequeño ensanche en torno a la actual plaza Mohamed V, con su iglesia, ayuntamiento, edificios oficiales y equipamientos, viviendas para los administradores y algunas avenidas y calles. En 1956, con la independencia del país termina el dominio español, aunque la influencia de los peninsulares actuales aún se nota por doquier.

Personajes vinculados a Xauen hay varios en la Historia. El primero, el fundador Mulay Ali Ben Rachid, que casó con una cristiana de Vejer. La hija de ambos, Sayyida al-Hurra fue un personaje que figura por derecho propio en la Historia de Marruecos. Casó con Sidi Al Mandri, el granadino de Píñar refundador de Tetuán. A la muerte de éste, fue reconocida como gobernadora, caso único en la Historia de Marruecos, ejerciendo un poder notable en toda la Yebala, que es la región que va de Xauen a Tánger y donde se enclavan Tetuán, y Larache también. Llegó a casarse con el sultán de Fez, Muley Ahmed al Uatasi, a quien obligó a desplazarse a Tetuán para la boda. En 1541, víctima de una conspiración familiar, fue depuesta y se retiró a sus dominios de Xauen, donde murió algunos años después. Está enterrada en la villa y su tumba es uno de los secretos mejor guardados entre los chauníes.

Muy posterior en el tiempo, contemporáneo de nosotros, otro personaje digno de ser mencionado es Sidi Ali Raisuni. Sin duda, se trata de un erudito en la Historia y la Cultura de la zona, conocedor del Islam a fondo, políglota y defensor de la paz y convivencia entre los pueblos mediterráneos. Su tarjeta de visita rezaba "sabio" (حكيم). Y a fe que era un gran erudito. Un reconocido referente cultural y filosófico de todo el Norte de Marruecos durante la segunda mitad del siglo XX y primeros años del XXI.

Por último, para no cansar, los viajeros que vayan a la villa, que no dejen de preguntar por Totó el guía turístico, una institución para todo el sector. Aunque ya esté mayor y no goce de buena salud, aún realiza pequeños servicios de calidad turística a quien se deje aconsejar. Su territorio actual, donde despacha, no sobrepasa mucho el área de Uta el Hamman y la Plaza del Parador. Merece la pena preguntar por él, charlar un rato y escuchar sus consejos.

La vinculación de Xauen con Andalucía se manifiesta en infinidad de detalles: uno de sus barrios es el de los andaluces, en el escudo de la ciudad figura la granada, fruto que simboliza su origen vinculado a la Granada nazarí, los apellidos de sus habitantes, su hermanamiento con Vejer y Ronda… La arquitectura vernácula es muy próxima a la que existió en Andalucía en época musulmana y aún hoy se encuentra en zonas de montaña. Casa patio de no mucha dimensión, con tejados a dos aguas de teja árabe (llamada romana en Marruecos). Tradicionalmente, su color fue el ocre del tapial y el adobe, los materiales más a mano. Pero hoy es una ciudad cada vez más azul, moda que es bastante reciente, probablemente de la época colonial española, durante el Protectorado. En el momento actual parece que si una chauniya no pinta de azul su casa (una mezcla de cal y añil en proporción al gusto de la residente), no es una auténtica chauniya. Este color azul, que tiene causas culturales, salutíferas y estéticas, es muy del gusto de los turistas, pero curiosamente, por encima de una determinada cota, los tres o cuatro metros de altura, los edificios siguen siendo ocres, aunque sospecho que por poco tiempo.

La ciudad goza de una fama mundial más que merecida. Aparece como recomendable su visita en muchos buscadores, redes, portales de turismo… Este hecho se ha acentuado desde hace unos diez o doce años. En él tuvieron mucho que ver los trabajos de rehabilitación del espacio de Ras el-Maa (el manantial) y de las calles y plazas de la Medina (ciudad árabe antigua) que ejecutó el Ayuntamiento en colaboración con la Junta de Andalucía. El asunto del agua es siempre fundamental en toda ciudad. Lo es en Tetuán con el agua de "Skundo" y lo es en Xauen con Ras el-Maa. El recorrido del arroyo, en un sentido y otro, desde el manantial, siempre muy visitado, hasta el Puente de los Portugueses, es todo un homenaje al agua y explica cómo este elemento se vuelve casi místico para los visitantes, muchos de los cuales terminan por descalzarse e introducir sus pies en el líquido elemento con gran regocijo, por cierto. El agua es un elemento esencial de la ciudad, esto debe comprenderse para entender todo lo demás. Tanto es así que las revueltas más serias en Xauen, por lo general una ciudad tranquila, tuvieron lugar cuando se introdujo la tarificación del consumo, incluidas las fuentes públicas. Siempre se consideró un elemento ofrecido por la naturaleza y que prestaba servicio a sus habitantes. Por tanto, debería ser considerado como un bien y un servicio gratuitos.

Hoy en día la ciudad es muy visitada. Su infraestructura hotelera, gastronómica y comercial ha crecido mucho, pero aún resulta insuficiente para albergar a los miles de turistas que se dejan caer por allí. Así que la mayor parte pernoctan en otros sitios, Tetuán y Tánger sobre todo, y se desplazan a Xauen a pasar el día. O visitan la ciudad camino de Fez. Algunos fines de semana y sobre todo los puentes, aquello es una romería de miles de personas apiñándose por la ciudad. Los atascos de tráfico y las dificultades de aparcamiento empiezan a constituir un serio problema.

La ciudad es de una belleza que podría considerarse casi indescriptible y es cierto que guarda algún parecido con pueblos de sierra en Andalucía, sobre todo de Grazalema y Málaga. Sus habitantes, acogedores, aún mantienen su sonrisa, pese al agobio poblacional que significa la invasión turística regular. En los últimos años las capas medias marroquíes han venido a añadirse al turismo tradicional, sobre todo español y francés.

En el momento actual está en marcha un procedimiento para solicitar a la UNESCO la inclusión de la ciudad de Xauen en la lista del patrimonio mundial, lo que vulgarmente se conoce como Patrimonio de la Humanidad, categoría que es de justicia para la ciudad. Es probable que en algunos años se consiga. Para ese momento, pero sobre todo para después, habría que pensar muy bien qué hacer para que la avalancha turística, que se incrementará sin duda, no dé al traste con los valores que han fundamentado precisamente esa declaración.

Bien, pero ¿qué visitar de la ciudad? Aunque Xauen es pequeña, alrededor de 60.000 habitantes en la actualidad, la zona que se visita es aún más reducida, lo que llamaríamos la Medina o ciudad antigua. Hay algunos hitos imprescindibles: por ejemplo, todo el recorrido de Ras el-Maa, desde el Puente de los Portugueses hasta el manantial (propiamente Ras el-Maa), aguas arriba. Desde el puente junto al manantial y pasando junto a la puerta de Bab el Onsar se penetra en la Medina y se desciende de forma pausada, pasando por las Plazas Zaituna (del Olivo) y Kenitra (hay buen pan allí), hasta la gran Plaza de Uta el Hamman, donde se encuentra la Alcazaba, que es visitable. Casi al llegar a esta Plaza se encuentra el único Fondak (Chfichu) existente en Xauen, muy abandonado en el momento actual, cuya reconstrucción sería un buen tanto para la aspiración de Patrimonio de la Humanidad. Igual ocurre con la Casa de Las Conchas, cerca de la Puerta de Bab el Onsar. Es también recomendable continuar en sentido descendente desde Uta el Hamman, por el Barrio de Suica, hasta la puerta Bab el Ain. Son unas calles comerciales de mucho interés. En fin, con unas buenas piernas se puede caminar calle arriba, calle abajo, por toda la Medina, organizándose el itinerario como se quiera. La experiencia más interesante es levantarse pronto y pasear, apenas empieza a amanecer, por la tranquilas calles y plazas, con una buena cámara de fotos. Es la mejor hora, pues no hay casi nadie por la calle, apenas algunos escolares que acuden a sus colegios. El silencio acompañará al viajero y le hará vivir una experiencia casi mística. Es una hora también propicia para la luz, que permitirá tomar buenas fotos. Esta experiencia debería terminar subiendo por el camino empedrado que parte de la Plaza de Ras el-Maa, en dirección hacia el monte, camino de Buzaafar. A unos cincuenta metros desde el inicio de este camino se tienen ya unas excelentes vistas de la ciudad. Si se hace coincidir este paseo, a primera hora de la mañana, cuando el sol empieza a bañar a Xauen, con las llamadas de lo almuédanos a la oración en las mezquitas de la villa y con los primeros sonidos del despertar de la ciudad, el resultado es una experiencia de las que no se olvidan.

No debo omitir tampoco que a pocos kilómetros de Xauen, hacia el Este, se encuentra el Parque Nacional de Talassemtane, de obligada visita para quienes gusten de estos espacios de rara y valiosa diversidad botánica, zoológica y paisajística. Existen allí colonias de Pinsapos, Cedros del Atlas y otras especies comunes a los parques naturales andaluces, sobre todo de Grazalema y las serranías de Málaga. Hay también una población protegida de macacos marroquíes, especie que no hace mucho, doy fe, llegaba hasta las inmediaciones de Tetuán. Es la misma que puebla, de manera forzada, el Peñón de Gibraltar.

En fin, visiten Xauen, pero sean muy respetuosos con lo que vean.

Xauen, marzo 2015.

UN CHURRERO MUY ILUSTRADO

Fabricar churros es, como se sabe, un oficio antiguo, que presumiblemente heredamos de los árabes afincados en España. Y que luego pasamos a América. Hoy, por desgracia, es una profesión en retroceso en todas partes. La dietética, la globalización y las normativas alegando pueriles incordios, han ido arrinconando este noble oficio, hasta dejarlo en una situación defensiva a ultranza. Aún se ven churrerías en España y en Portugal (las "farturas") pero cada vez menos. En América, los amigos me dicen que son, cada vez más, un hermoso recuerdo de su infancia.

Parece que, para sobrevivir, el oficio ha debido combinarse con otras nobles artes como la de repostero, panadero e, incluso, "frituras en general": pescaíto, calamares, papas fritas… Hacer sólo churros es cada vez más difícil. La dietética ha caído también sobre ellos, señalándolos como causa de graves problemas de salud, relación causa-efecto que, con toda certeza, es espuria. No se fíen ustedes de los estudios científicos que puedan afirmar eso. Seguro que están pagados por los fabricantes de "donuts", cuñas de chocolate y porquerías similares. Para mí, el churro es la quintaesencia de la dieta mediterránea: aceite de oliva, agua local, harina de trigo y sal marina. Bien mezclado y bien cocinado, es un alimento regenerador del cuerpo y la mente y muy estimulante de las buenas potencias humanas. Si se acompaña de un café con leche, poca o mucha, estaremos ante un manjar de dioses. Hay quien prefiere el chocolate e igualmente vale, pues es una fusión de lo árabe peninsular y lo americano.

Debo aclarar también que además de parecerme un noble oficio, por si a esta altura del relato no se me había notado, los churros me gustan mucho, vamos que me enloquecen. Siempre que entro en un sitio y veo que tienen, los pido. En la ciudad de Granada es una maravilla ver la cantidad de bares y cafeterías que tienen churros ¡Ay, los churros del Café Futbol, en la Plaza Mariana Pineda o los del Café Alhambra en la Plaza Bib-Rambla! Entre otros, claro está. Como decían antes las guías turísticas Michelin, sólo para probar esos churros merece la pena desviarse de la ruta y parar en Granada. Sí. Ya sé. En esa ciudad hay otras cosas. Pero los churros son una fortaleza gastronómica de Granada. Y de Cádiz. Y de Málaga. Y de Huelva... Churros, tejeringos, jeringos, calentitos... son denominaciones que corresponden al mismo sublime producto.

Para mí, los churros son tan importantes, tan importantes, que suelo convocar las reuniones con mis amigos y amigas, alrededor de un buen plato de churros. He observado, al proceder así, que las ideas fluyen mejor, las propuestas surgen solas y todo transcurre siempre en un ambiente distendido, agradable y de elevado espíritu. El trabajo es muy colaborativo. Siento con claridad la vinculación de los churros con el espíritu, el sentimiento es tan fuerte que, a veces, he tenido alguna ensoñación sobre cierta conexión latente, no visible pero real, entre los churros y el progreso espiritual de la Humanidad. Una sinergia potente ¿Se ríen ustedes? Pues no lo hagan y sigan leyendo lo que voy a contar.

En el barrio donde vivo en Sevilla, El Tiro de Línea, hay un mercado o plaza de abastos y en uno de los laterales, en un sitio discreto, hay una pequeña churrería, de la que se surte la gente para comer los churros en los bares y cafeterías de los alrededores. Pero no sólo de churros vive el hombre, diría parafraseando la expresión bíblica (Mateo 4:4). Ahora verán.

Una vez enterado de la existencia de la churrería por un degustador que se cruzó conmigo al paso y me informó, me dirigí hacia allí. Era de verdad un sitio discreto. Entré, eché una ojeada y me quedé boquiabierto. No era posible lo que estaba viendo. Resultaba difícil de creer, pero aquel industrial fabricaba sus churros rodeado de… ¡libros! Sí, sí, libros que, según me dijo, vendía a un precio muy módico, lo que pude comprobar. Eché una ojeada, como buen bibliófilo y escritor aficionado. Había de todo, pero no faltaban, sino que había muchos libros de buena literatura española y universal. Me quedé anonadado. En un estado próximo al éxtasis. Dos de los productos a los que era más aficionado: ¡los libros y los churros, juntos! ¿Podía pedirse mayor sueño? Aquello era la confirmación práctica de una vinculación intuida, y ahora hecha relación real ante mis ojos. Y también la certificación de una idea: los churros atraen al espíritu, aunque a alguien poco versado en las cuestiones del espíritu, pudiera parecerle lo contrario. Nunca dudé de que mi afición a los churros y la que muestran muchas personas que conozco, sean una prueba de nuestra común espiritualidad. Si dijera eso de la afición a los libros, nadie lo dudaría. Pues bien, allí delante de mí estaba la prueba del tercer elemento para que el silogismo funcione: libros/espiritualidad y ¡churros! Miré al churrero y a los libros. Debió entender y me dijo:

—Algunos clientes me traen los libros, yo los coloco ahí y la gente aficionada a leer los va comprando.

O sea, que aquello era una churrería, pero también un sitio de encuentro literario, como un club de lectura, en el que los churros eran la excusa para el intercambio.

Naturalmente compré, por primera vez en mi vida, churros y libros en el mismo sitio. Mis intuiciones no fallaron. Alguna vez tendría que encontrarme con estos excelsos productos juntos. Era como si me estuviera siendo revelada una verdad que había intuido, pero de la que no tenía certeza, por no disponer de pruebas. Hablé con el artesano churrero y me pareció una persona sensible. Aquel ayuntamiento de churros y libros no era casual. Visité la churrería muchas más veces y casi siempre hacía la doble compra. Incluso recuerdo una vez que una conocida francesa, que tiene una librería de viejo en Tavira, Portugal, me pidió que le llevara algunos libros de segunda mano de buena literatura española, pues los compradores le pedían y ella no tenía. Pensé: ¿dónde encontrar buena literatura española? Pues en la churrería. Encontré cosas de interés del siglo XIX y del XX, hice la doble compra, me comí los churros y le llevé a mi amiga los libros, que ella debió vender también a un precio módico.

A partir de este descubrimiento, mejor dicho, de esta revelación, ha aumentado mi interés por este producto tan típico de la gastronomía ibérica y del Norte de África, pues mi afición por los libros no necesitaba consolidarse más. Si acaso vincularse, asociarse, establecer complicidades con otros productos del espíritu humano, lo que, como se ve, ocurrió en esta modesta churrería del barrio del Tiro de Línea de Sevilla.

Visítenla ustedes y comprueben lo que aquí cuento. Háganlo antes de que la crisis acabe con este santuario del placer y del saber, recóndito, limpio y estimulante.

Ah, por cierto, algunas personas estamos pensando en crear una asociación para la defensa del churro, que nos permita proteger y difundir mejor los positivos valores de este producto sin par. Incluso hemos hablado de la posibilidad de acudir a *Change.org* y poner en marcha una campaña. La llamaríamos *"Los churros están en nuestras raíces espirituales"* o algo así. Tendrán ustedes noticia del asunto en Facebook. En ello andamos ¡Ah! Vamos a invitar a participar en el movimiento a nuestros amigos latinoamericanos, pues ellos conocieron los churros y las churrerías hace años. Así recuperarían parte de su historia y todos defenderíamos esta rica tradición de las acechanzas, entre otros, del Tratado TTIP.

Para empezar a menear el asunto ya hemos creado en WhatsApp una dirección que se llama "Canal Churros" y ahí vamos colgando para conocimiento y deleite de los *churrófilos*, los hallazgos de sitios en España y Portugal, donde merece la pena probarlos, siempre acompañándolos de imágenes que corroboran el hallazgo. El movimiento está en marcha.

Sevilla, junio 2015.

ABRAZAR AL COCODRILO

Enfrente de casa, en Portugal, hay un comercio de artículos de playa diversos: chanclas, flotadores, bañadores, gafas y objetos de ese tipo. La tienda está regentada por un par de mujeres, madre e hija, que unas veces por turno y otras juntas, atienden pacientemente a los posibles clientes que, camino de la playa, pasan por delante y entran a comprar lo que necesitan para un día de estancia allí...

Las dos mujeres, madre e hija, son muy agradables. A veces, en temporada punta, contratan a una tercera persona para que les eche una mano. Mi percepción personal es que venden poco. Pero allí resisten casi todo el año. En temporada baja, sólo abren los fines de semana. No hay apenas gente. Los holandeses, fieles residentes del invierno boreal en estos pagos del sur, no adquieren esos objetos. Se ve que su concepto de equipo para el tiempo libre se centra casi exclusivamente en la bicicleta y en unas zapatillas cómodas para caminar por la playa, así que no compran casi nada de lo que usamos los demás.

He dicho que los posibles clientes entran a comprar. No es exactamente así, pues una buena parte de los productos se exhiben fuera de la tienda. Como la tienda se encuentra en unos soportales, muchos objetos son expuestos en el exterior, bajo techo y con protección de las posibles inclemencias meteorológicas. Una forma de mostrar los productos, especialmente los más grandes, es colgarlos de unos clavos situados en alto. Esto afecta sobre todo a los flotadores de regular tamaño y formas inimaginables, que se muestran a los posibles compradores, mejor, a sus hijos pequeños, a una distancia del suelo considerable para hacerlos apetecibles. Sobre todo, porque están hechos de plástico con los colores más chillones que quepa imaginar y de formas que imitan animales fabulosos.

Bien, pues todo ese repertorio playero se saca y se guarda varias veces al día, ya que la tienda abre a primera hora, cierra a la hora de comer y luego abre por la tarde hasta el cierre definitivo de la noche. Madre e hija despliegan y recogen y vuelven a sacarlos y a meterlos, y así hasta cuatro veces al día. Es una tarea que asumen como si se tratase de una misión importante. Montar y desmontar la tienda da la impresión que es tan substancial como vender algo.

Solemos comprarles alguna cosa cuando vienen mis nietos y hay que proveerles de cubos y palas para la arena. Para nosotros compramos, muy de vez en cuando, unas gafas de sol. Hacemos lo que podemos, pero claro, tampoco nuestra misión, en aquel hermoso lugar del Sur de Portugal, es fomentar, a nuestras expensas, el desarrollo del comercio local. Los años van pasando y los productos no parecen renovarse. Incluso hay algunos que se van decolorando por el tiempo de exposición al aire.

Entre aquellos objetos había uno que es imposible de sacar adelante. Se trataba de un cocodrilo de plástico de color verde, digamos rabioso, y forma un poco imaginada, que tendría el tamaño de una persona de talla media. Un auténtico monstruo hinchable, salido de la mente de algún diseñador algo perturbado. En realidad, se trataba de un flotador o cosa similar. Es decir, su función precisa no era fácil de adivinar; parece que había sido concebido y construido para flotar en el agua. Tal vez, incluso llevando encima a alguna criatura, de la mano de sus mayores, claro está.

El cocodrilo era sistemáticamente expuesto y luego retirado, varias veces al día, como ya dije. Su tamaño era tan descomunal que, casi siempre la hija, lo abrazaba para sacarlo y lo volvía a abrazar para guardarlo. Calculo que aquel gesto mecánico se habría repetido más de mil veces.

Un día me acerqué a la tienda y pregunté a la joven, con la que tenía la relación típica de vecino, que si sabía cuántos abrazos le había dado al cocodrilo.

—*Perdão, o que quer dizer, senhor Luís? (¿Qué quiere usted decir, Luis?).*

Le expliqué mis observaciones sobre la relación entre el cocodrilo y ella. Cuando lo comprendió, soltó una carcajada sonora y sincera.

Unas semanas más tarde, pensé en comprar el cocodrilo. Podría servir a mis nietos cuando vinieran a la playa. Así que bajé dispuesto a hacerlo. Allí seguía colgado y expuesto a las miradas de los paseantes.

—*Bueno* —le dije—, *me he encaprichado del cocodrilo. Tanto verlo… Te lo compro.*

Cuando me escuchó, puso primero cara de sorpresa y después de consternación. Todo con gesto muy femenino y un poco afectado.

—*Isso não e possível, caro amigo (Eso no es posible, amigo mío).*
—*Pero... ¿por qué no? Está en venta como los otros, ¿no?*
—*Não, sinto muito. Abracei-lhe tantas vezes que já forma parte da nossa família. (No, lo siento mucho. Lo he abrazado tantas veces que ya forma parte de nuestra familia).*

La *menina* me había devuelto la broma, llevándola más allá de donde yo pretendía, hasta sus últimas consecuencias, como si dijéramos.

Nos reímos un rato y nos despedimos. El cocodrilo, aunque miembro de aquella familia, allí seguía colgado, a ratos. Pero es verdad que se recogía con la familia y dormía bajo techo.

No obstante, después de escribir lo anterior, un día observé que el cocodrilo había desaparecido de la exhibición. Cuando bajé a la calle, le pregunté a la *menina* qué había sido de él.

Con cara de consternación, pero mirada pilla, me dijo:

—*Já foi vendido. Sinto muito, especialmente porque, como o senhor Luís sabe, ele fazia parte já da nossa família. (Lo vendimos. Lo siento mucho porque, como usted sabe, era ya parte de nuestra familia).*
—*Bueno* —le contesté—, *así es la vida. También los cocodrilos vuelan del hogar. Espero que al menos reciba por el mundo tanto afecto como tuvo aquí.*

Altura, junio 2015.

PD. Un tiempo después la tienda (a loja) fue cerrada. Parece que las ventas eran escasas, insuficientes para pagar el alquiler que era modesto. Nunca más tendría oportunidad de ver animales fantásticos diseñados para el uso playero.

UN ENCUENTRO EN OBONA

El Monasterio de Santa María la Real de Obona se encuentra en la localidad del mismo nombre, en el Concejo de Tineo, entre esta ciudad y la de Navelgas, la *ciudad del oro*. Todo ello en Asturias, claro está. Fue fundado en el año 881 por descendientes del rey Silo. Con la llegada del Cister siglos después, parece que el monasterio primitivo fue sustituido por otro, de factura románica, que se ajustaba mejor a las reglas reformadas benedictinas de esta nueva Orden. En la actualidad se encuentra sin comunidad religiosa alguna y, por lo general, está cerrado, pero si se pide la llave *en el bar de arriba, en la carretera* (sic) se puede visitar sin problema. Santa María de Obona es también el origen de numerosos documentos a lo largo de toda la Edad Media, de gran interés para los historiadores, no sólo por conocer hechos de esa época, sino también porque permiten visualizar la evolución del latín hacia la lengua romance que lo sustituyó en Asturias. Fue declarado Monumento Nacional en el año 1982. Su estado de conservación es aceptable en la iglesia y ruinoso en el claustro y en otras antiguas dependencias monacales.

Un rasgo muy importante del monasterio es que está enclavado en el Camino Interior de Santiago, el que protegieron expresamente los reyes de Asturias. Por su significación, constituyó un hito en la Ruta Jacobea. Su visita era obligada en aquella época.

Estábamos en Navelgas, pasando una temporada de vacaciones estivales, cuando decidimos visitarlo, atraídos por sus valores arquitectónicos y patrimoniales. Allá que fuimos, pedimos la llave *en el bar de arriba* y, previo depósito del DNI a cambio, nos dirigimos al monasterio, abrimos la puerta y… ¡para nosotros solos! Bueno, en realidad no fue así. Antes de entrar observamos a una chica, con los avíos de peregrina, que comía algo en una de las mesas situadas delante del monasterio. Sin duda una peregrina que almorzaba mientras hacía tiempo por ver si alguien llegaba y abría.

Entramos y empezamos a identificar, contemplar, disfrutar y fotografiar los elementos más relevantes del interior: altar, algunos capiteles y ventanas, algunas imágenes sin duda antiguas y cosas por el estilo. Subimos al campanario, cuya entrada a través de la correspondiente escalera, estaba en la nave principal. Al bajar de nuevo a la nave, de improviso, sin esperarlo, alguien comenzó a cantar dentro de la iglesia. Nos volvimos y descubrimos que era nuestra peregrina, de la que nos habíamos desentendido. Estaba entonando *a capella* un cántico gregoriano de gran belleza. Permanecimos en silencio, disfrutando de aquel concierto excepcional que la sonoridad del espacio hacía aún más bello. La mujer cantaba muy bien y resultaba un deleite escucharla. Cuando terminó, pasados unos diez minutos, nos acercamos a felicitarla y entablar conversación con ella. No había nadie más dentro. Resultaba ser una alemana, de un pueblecito cercano a Dusseldorf y que, según nos comentó, formaba parte de un grupo coral de música antigua. Nos contó que cantaba así sólo a veces y en agradecimiento a los sitios que consideraba relevantes en su camino hacia Santiago, aquellos con los que sentía un impulso por comunicarse. Obona era uno de ellos. Nos dijo que lo comprendió al poco de entrar. Esta explicación nos dejó sorprendidos.

Era el segundo año que hacía el Camino. El primer año empezó en la frontera hispano francesa y llegó hasta Oviedo. Esta vez pretendía ir ya desde Oviedo hasta el mismo Santiago. Lo hacía en varias etapas, porque su disponibilidad de tiempo no era grande. Empleaba para caminar por la Ruta, como tanta gente, sus vacaciones de verano.

Para nosotros aquel fue un encuentro extraordinario, casi mágico, en la penumbra de aquel edificio, milenario, venerable y silencioso que, por lo visto, aguardaba para comunicarse con algunos peregrinos, transmitiéndoles algún mensaje, que no era accesible a los simples visitantes como nosotros. La peregrina utilizaba la música como forma de diálogo con el edificio y su circunstancia. Se relacionaban a través de una forma de expresión también milenaria, el cántico gregoriano. Esta ligazón entre peregrina y edificio causaba asombro. Permitía intuir lo que debió haber sido la fe de toda aquella gente cruzando Europa entera, en un viaje muy azaroso, para llegar a un límite en el que había un hito relevante de su identidad religiosa. Estos sitios principales en su viaje, eran a modo de depósitos espirituales donde repostaban para seguir el periplo que, como digo, debía ser muy duro en aquella época, necesitado de gran fortaleza física y espiritual.

Los peregrinos, al hacer el Camino, eso lo sabemos hoy, contribuyeron a crear una identidad cultural común en todo el continente y la verdad es que a nosotros nos civilizaron un poco. Muchos se quedaron en aquellos nacientes reinos y sumaron elementos para crear un país diverso. Yo, que soy un conocido defensor de los aportes árabes a nuestra cultura y sociedad, no sólo no niego, sino que resalto, la contribución de esta continua migración por motivos religiosos desde toda la Europa de entonces hasta los confines de los territorios del Norte de la Península, donde se estaban fraguando una sociedad y una cultura nuevas. Nos ayudaron a constituirnos en lo que después fuimos.

Este tipo de peregrinaciones para visitar lugares sagrados, sean estos Roma, Jerusalén, La Meca o Santiago, tiene mucho de viaje iniciático hacia una vida espiritual superior. Dicen los que lo han practicado que ayuda a conocerse a uno mismo, a relacionarse de una forma más equilibrada con los demás y a veces con el medio y, de ese modo, a evolucionar hacia mejor. Nuestra alemana tendría oportunidad de comprobarlo, pues desde Obona le quedaba un buen trecho y nada fácil, por cierto, subiendo y bajando montes continuamente. Aún tardaría más de quince días en llegar a su destino, pero nos dijo que esa travesía, dura en lo físico, la reconfortaba profundamente, renovando su espíritu, oxigenando su mente y rebajando su nivel de estrés.

La acompañamos al exterior y se despidió de nosotros calurosamente, pues sin pretenderlo, le habíamos dado la oportunidad de entablar un diálogo con el milenario monasterio y con lo que significaba. Parece que fue una inyección de moral para ella. Nosotros pudimos comprobarlo y eso fue un privilegio.

Nos disponíamos ya a cerrar el edificio y a devolver la llave, cuando apareció una tropilla de peregrinos. Esta vez se trataba de un grupo de jóvenes ecuatorianos, a cuyo frente iba un sacerdote de la diócesis de Quito. Charlamos con ellos un rato. Visitaron el inmueble. Rezaron con recogimiento, se despidieron de nosotros y se fueron.

Cuando estábamos cerrando la puerta, nuevo grupo de peregrinos. Esta vez eran unos chicos vascos que nos rogaron que les dejáramos entrar. Así lo hicimos y cuando terminaron la visita y sus oraciones y se despidieron, apareció otro grupo. Ahora eran de Madrid, a los que volvimos a abrir. Como aquello no acababa y teníamos otras obligaciones, rogamos al que parecía que iba al frente que cuando terminaran su visita y sus rezos, cerraran con llave y la llevaran al *bar de arriba*. Subimos a recoger nuestros documentos y a explicar lo que pasaba. Nos dijeron que no nos preocupáramos, pues siempre sucedía lo mismo.

Nuestro viaje de vuelta lo hicimos en silencio. Cada uno abstraído en sus pensamientos. No comentamos nada, pero seguro que íbamos bajo la impresión de lo que habíamos vivido. Algo similar a lo que debió sentir Rainer María Rilke, según cuenta él mismo, al oír cantar por primera vez una Salve en la Iglesia Mozárabe de San Lucas, en Toledo. En nuestro caso, la alemana nos había mostrado que la relación con algunos edificios, valga el ejemplo con el Monasterio de Obona, se producía a través de una forma de comunicación específica, como era aquel canto antiguo, aquella música asombrosa, nacida para propósitos de comunicación con Dios, que debió ser entonada y escuchada con frecuencia en estos lugares. Según lo veíamos nosotros, el diálogo con el edificio y, digamos, su circunstancia, se efectuaba en este caso, gracias a una clave musical vetusta, fuera del uso normal hoy en día. Aquel lenguaje, usado allí tantas veces en siglos pretéritos, seguía sirviendo para hacer posible la conexión con una realidad que parecía trascender los innegables valores arquitectónicos e incluso funcionales del sitio, dejándonos atisbar, solo intuir a los no iniciados, procesos ancestrales de creación de sociedad y cultura. Lo cierto es que nuestra presencia fue fruto del azar y no resultaba imprescindible para esa comunicación en clave musical. Habíamos asistido a este hecho como meros espectadores, pero lo que allí aconteció, ante nuestros ojos, además de emocionarnos, nos había ayudado a una comprensión más holística de aquel edificio en relación con la sociedad y la cultura del momento histórico en que fue erigido. También nos ayudó a intuir lo que significó en la época tal vez más auténtica del Camino. Era esta sensación la que nos movía a una silente reflexión.

Navelgas, agosto 2015.

AMOR A PRIMERA VISTA

En realidad, no sabría decir si este es el título correcto o quedaría mejor decir amor fulminante. Aunque prácticamente quieren decir lo mismo, indican diferentes ritmos en el proceso de enamoramiento, muy sutiles desde luego. Juzguen ustedes por lo que se cuenta.

Reconozco que la historia que voy a referir resulta, desde varios puntos de vista, un asunto muy delicado, pues se refiere a estratos muy profundos de la personalidad, en este caso, femenina, y además, afecta a una persona que estuvo muy próxima. Ante estas circunstancias, trataré de exponer los hechos de la forma más considerada posible. Estoy asistiendo a los mismos como espectador muy directo.

En resumen, diría que se trata de una historia, intuyo que aún no acabada, que afecta a una amiga marroquí que, por causa de un amor fulminante y de una boda muy rápida, perdió el contacto con todos los amigos que tenía en España. Incluso abandonó sus tareas eruditas aquí, como la tesis doctoral, varios proyectos de investigación y demás actividades académicas, así como la pelea por un trabajo que casi había conseguido.

Podríamos recordar aquello de que el corazón tiene razones que ni la mejor razón comprende. En este caso, el amor a primera vista surgió en la cubierta de un ferry de los que cruzan el Estrecho de

Gibraltar que, en mi concepto, es un espacio geográfico mágico en el que, desde luego, pueden pasar cosas como esta con más frecuencia de lo que se cree.

Mantenía con ella una relación profesional, no muy intensa, aunque sí continua, sosteniendo el contacto en el marco de algunas reuniones, más o menos frecuentes, de un grupo de investigación de la Universidad que ella coordinaba, así como en los encuentros que teníamos para comentar aspectos de su tesis doctoral.

Viajaba con frecuencia a Marruecos, pues allí residía parte de su familia más próxima. Durante esos viajes, los contactos con ella eran irregulares, por causa de la debilidad de las vías informáticas en su pueblo. A la vuelta, solíamos vernos y añadíamos a los asuntos de trabajo información sobre cómo estaba su familia y sobre la situación del país. Al regresar de uno de estos viajes, me comentó que había conocido en el barco a un compatriota suyo, que trabajaba de analista financiero en Alemania y que le había causado una buena impresión. Habían quedado como amigos.

Algunos, pocos, meses después hizo otro viaje a su país de origen. A la vuelta me comunicó que su amigo del ferry, novio ya por lo que sigue, había ido a su pueblo a pedir su mano, pues quería casarse con ella. Me pareció muy bien por ella, aunque un poco rápido, pues desde el primer encuentro no habían pasado ni tres meses. Le pregunté por su trabajo y, adivinando la intención de la pregunta, me comentó que su novio le había asegurado que estaba dispuesto a venirse a vivir a Sevilla, para que ella continuara sus estudios e investigaciones. Además, en aquella época, había salido la convocatoria de una plaza de trabajo en materia de Cooperación Internacional para la Junta de Andalucía y había presentado su candidatura. Según todos los indicios, la probabilidad de que la plaza le fuera adjudicada era muy alta, por su dominio de idiomas y su conocimiento del mundo de la Cooperación, en el que había trabajado varios años.

Fue casi lo último que supe de ella. Poco después, me comunicó vía email que se había casado y que se había ido a vivir con su flamante marido a Alemania.

Respecto al trabajo pendiente en Andalucía, atendió algunos requerimientos de subsanación documentales, cada vez con menos rapidez, y en un momento determinado desapareció de nuestras vidas. Dejó de contestar el correo y su teléfono se volvió mudo por completo. Nunca atendía las llamadas.

El trabajo que estuvo a punto de conseguir se perdió, naturalmente.

Meses después, cuando estaba empezando a escribir este texto, hice un esfuerzo desesperado por contactar con ella. Lo logré. Se había trasladado a vivir a Barcelona a casa de una hermana suya, a la espera de conseguir documentos de residencia en España. Pero me dijo que ella y su marido vivían en Alemania. Hablamos algo de los trabajos pendientes que había dejado aquí y, por la tibieza de sus respuestas, entendí que su etapa andaluza podía casi darse por finalizada. Lo sentí, porque era una persona de gran inteligencia y buena formación que prometía un futuro muy interesante en la investigación, pero muchas veces las cosas son así. Además, la crisis les ha complicado la vida a muchos profesionales, en muchos sitios, que han tenido que irse fuera para encontrar un trabajo que se le negaba en sus lugares de origen.

El caso de nuestra amiga era doblemente penoso, pues tuvo que irse de su país donde no encontraba ningún trabajo reseñable en su profesión. Pareció encontrarlo aquí, pero tampoco fue posible mantenerlo. Imagino que cuando consiga el permiso de residencia se trasladará a Alemania y fijará definitivamente su domicilio allí, abandonando todo lo que tenía por estos lares. Aun con sus peculiaridades, este es un caso más que debería movernos a reflexión sobre la compatibilidad entre los asuntos humanos más básicos, los del mundo afectivo, que gozan de una gran autonomía, y el desarrollo de la persona en otros dominios del campo profesional e intelectual. El conflicto parece surgir cuando las circunstancias de este campo se han vuelto especialmente desfavorables, y entonces, en algunos casos, a veces, pareciera que las respuestas tiendan a buscar soluciones que conduzcan a situaciones de tranquilidad en la esfera afectiva. Tal vez sea injusto y prejuicioso en lo que voy a decir, pero abandonar una prometedora vida intelectual y profesional por una razón de índole afectiva, tan perentoria como la que cuento, da que pensar sobre las dificultades que muchas mujeres tienen para conciliar las esferas afectiva y laboral de su única vida. Me parece un drama. Además, en este caso y por razones poderosas que luego conocí y que guardo para mí, es un drama confirmado.

Allahu akbar!

Sevilla, septiembre 2015.

EL REY DON SEBASTIÁN

Breve apunte para una nota biográfica, histórica y literaria

Todos los países tienen sus mitos históricos. Personajes representativos de la idiosincrasia nacional y que, existieran o no en la realidad, forman parte del imaginario colectivo, en el que están fuertemente anclados bajo la forma de leyenda. Por tanto, han existido y, a veces, con más empeño que en la realidad. Esas leyendas constituyen referencias que sirven para unir a la gente entorno a un pasado remoto, más o menos glorioso, y en ocasiones, son de utilidad para enfrentar un presente azaroso. Historias con algún fundamento originan leyendas elevadas a la categoría de cuasi dogmas… Todos los pueblos las tienen y las necesitan. En la historia de España hay muchas, desde Don Pelayo, allá en los brumosos albores de nuestro país, hasta el Cid Campeador, un personaje de cuidado que influyó, creo yo, en ese grandioso mito literario que, nacido aquí, ha trascendido las fronteras: Don Quijote de la Mancha. Parece ser que también, aunque ellos casi no lo supieran, en muchos conquistadores y adelantados americanos.

No es un rasgo exclusivo de nuestra cultura. Recordemos en la cultura inglesa ejemplos también épicos, como el Mito del Rey Arturo y los Caballeros de la Tabla Redonda, que dieron origen al ciclo de leyendas artúricas, con proyección también más allá de las fronteras patrias insulares. La leyenda del rey desaparecido que volverá a salvar a sus súbditos redimiendo su reino. En Francia, el

Conde Roldan y su gesta, implicado en asuntos fronterizos con sus vecinos del sur, dio lugar a un hermoso mito literario. Federico Barbarroja, otra fábula, en este caso de la cultura alemana, el rey durmiente que volverá cuando el Reino lo necesite. Los pueblos nórdicos tienen sus sagas milenarias. En Cataluña tenemos a Wifredo el Velloso, origen ancestral de la nacionalidad catalana que, con sus gestas, algo retocadas en el XIX, permite consolidar la Marca Cataláunica carolingia y convertirla en una antigua imagen de marca registrada, ahora resucitada. La relación podría hacerse interminable, pues no hay país consolidado o cultura propia que no los tenga. Podríamos decir que desde los tiempos ya muy lejanos de Gilgamesh, allá en la Sumeria de hace más de cuatro mil seiscientos años. Por no citar las leyendas del Antiguo Egipto en la época predinástica, que ayudaron a crear la identidad de lo que vino después.

Estas leyendas han sido, en muchos casos, construidas y siempre fomentadas a posteriori por los grupos o clases dominantes. Contribuían a su legitimación y a encuadrar a toda la sociedad, ayudándose de una tradición que también servía para conseguir sus objetivos como grupo o casta. Aunque hoy en día parece que estas leyendas forman parte de un periodo sobrepasado, nadie puede negar la posibilidad de que sean resucitadas y reutilizadas bajo formas actualizadas, cuando la ocasión lo requiera. En nuestro país tenemos ejemplos muy recientes.

El mito a que nos referimos en este texto es del tipo de los llamados mesiánicos, es decir, se refiere a personajes ilustres desaparecidos en circunstancias misteriosas, por lo general dramáticas, y respecto a los cuales existe o ha existido la creencia popular de que sólo están "dormidos" y que volverán para salvar a sus pueblos de las desgracias que les afligen. Algo parecido al personaje del Mesías de algunas religiones, que volverá a salvar a sus fieles. De ahí lo de mesiánico.

De este tipo serían las leyendas del Rey Arturo y sus Caballeros, desaparecidos trágicamente, pero dispuestos a volver para salvar a su pueblo del sufrimiento. E incluso la de Federico Barbarroja, dispuesto a regresar en algún momento cuando el pueblo alemán lo necesite (¡no lo quiera Dios!).

El que voy a tratar de describir aquí se refiere a un mito relativamente reciente, pero ya hondamente imbricado en lo que podríamos llamar el genio de la cultura portuguesa: el Rey Don Sebastián (*Dom Sebastião*), cuya desaparición en trágicas circunstancias, favoreció la creación del sebastianismo, esperanza en el retorno del rey escondido, no muerto, para liberar a la patria del sufrimiento que implicaba el sometimiento del país a una dinastía extranjera, en este caso, la de los Austrias de España. El Deseado antes de su nacimiento se torna el Encubierto, el Escondido, después de su desaparición.

En cualquier caso, estas leyendas formalizan la aspiración al alivio o a la superación del sufrimiento actual, de cualquier época, por la acción de un enviado del pasado, en muchos casos, de un pasado glorioso añorado, que reaparece en el presente para salvar a un pueblo. También dan legitimidad a quien se aprovecha de ellas.

La historia es como sigue.

El Rey Don Sebastián o Sebastián I, hijo de los príncipes Juan Manuel de Avís y Juana de Austria, fue el octavo rey de la dinastía de Avís. Nació en 1557 y murió presumiblemente en 1578. Su nacimiento fue saludado con gran alegría por el pueblo portugués; se le llamó el Deseado. Con su llegada se alejaba la posibilidad de que el reino, sin sucesor, cayera en manos castellanas, un temor cimentado en los lazos sanguíneos con los reyes de España y muy fundado en la época. Fue nieto del Rey Juan III de Portugal, de quien heredó la corona, y del Emperador Carlos V y sobrino del rey español Felipe II.

A los catorce años asumió el trono de facto. Recibió una educación muy religiosa de manos de los jesuitas. Parece ser que, desde muy joven, ayudado por antiguas leyendas portuguesas, concibió el delirio de convertirse en un rey combatiente contra los infieles (mahometanos) a los que conduciría, a mandobles, a la verdadera fe. En este caso, no quedando ya musulmanes en el territorio continental, el enemigo a batir era el sultán de Marruecos, por proximidad y por la imbricación de la política exterior portuguesa en aquellas tierras desde hacía más de ciento cincuenta años.

Empezó a trabajar pronto en la idea de organizar y comandar una expedición que llevara las armas portuguesas y a quien quisiera sumarse, al Norte de África, en una especie de cruzada destinada a derrotar al sultán de Marruecos y, una vez vencido este, proseguir por todo el norte del continente hasta el mismo Egipto, venciendo y convirtiendo infieles por ese inmenso territorio. En su ánimo sólo tenía acomodo este singular proyecto, que había expulsado de la real casa cualquier apetencia o pasión por otros asuntos, que hubieran sido normales en una persona tan joven como él.

La idea fue creciendo y ganando adeptos entre los nobles portugueses. Hasta el punto de que Felipe II, algo alarmado por las noticias, le rogó que acudiera a Guadalupe para discutir el proyecto con él. Parece ser que el encuentro, que tuvo lugar, sirvió de poco. El rey español se encontró con un joven enfervorizado que sólo tenía interés en convencerle de participar en su empresa. Trató de argumentar con él la inconveniencia del proyecto, que iba a generar enemigos innecesarios, e intentó disuadirle de que participara directamente. Fue un empeño inútil, según reconoció el propio Felipe II. Al final el rey español accedió de mala gana a enviar un pequeño contingente, que debería pagar el rey portugués. Regresó cada uno a su corte y Sebastián siguió trabajando en el proyecto. El Rey español envió varios embajadores a Lisboa, entre ellos a Arias Montano, con la misión de convencer a Sebastián de la inoportunidad del proyecto. Sirvió de poco. También empezó a crecer la alarma entre algunos estamentos portugueses ante el delirante desarrollo del asunto y las inevitables consecuencias, incluidas las financieras, que empezaban a dibujarse.

Nadie ni nada pudo parar la expedición. Cuenta la Historia que el día 24 de junio de 1578, una flota de más de ochocientas naves de toda condición partió de Lisboa con destino a África. Alrededor de una cuarta parte de los efectivos eran voluntarios, cruzados, de otros países europeos. El contingente español se unió en Cádiz a la expedición.

Sebastián contaba con la alianza del depuesto sultán de Marruecos, Muhammad al-Mutauakil, que le esperaba con sus tropas sobre el terreno para batallar juntos contra Abdel Malek Es-Saadi, el sultán ejerciente después del golpe de estado palaciego que depuso a Al-Mutauakil. Parece que esta alianza local era lo que había decidido definitivamente al rey portugués a emprender la aventura.

Las naves atracaron entorno a Arcila y, desembarcadas las tropas, empezaron los preparativos para encaminarse hacia la ciudad de Fez. Según cuentan las crónicas, el ejército portugués y sus aliados eran inferiores en número y preparación a las tropas de Abdel Malek Es-Saadi. Además, era un ejército de fortuna, desorganizado, con una gran impedimenta que obstaculizaba el movimiento y la maniobra sobre el campo. Tanto los nobles como el rey, no quisieron renunciar a sus comodidades ni siquiera en la batalla, lo que significó que muchos de los acompañantes no eran combatientes, sino sirvientes, ocupados en hacer cómoda la vida a sus señores.

Abdel Malek les esperaba en Alcazarquivir, al Sur de Larache. Su ejército era profesional, con experiencia de combate, y se aseguró las mejores posiciones sobre el terreno, llegando primero, escogiendo el sitio más favorable y desplegándose con antelación, artillería incluida; formas de guerrear que mucho después utilizaría sistemáticamente Napoleón Bonaparte. El ejército portugués se dirigió a una trampa. El encuentro tuvo lugar el día 4 de agosto junto al río Majazin y terminó con una espantosa derrota de las fuerzas portuguesas y sus aliados. Esa jornada es conocida también como la Batalla de los Tres Reyes, que murieron en su transcurso: Don Sebastián, pese a su valor al decir de las crónicas, Abdel Malek Es-Saadi, el sultán reinante deseoso de revalidar su ascenso al trono y Muhammad Al Mutauakil, el sultán depuesto y aspirante a recuperar el trono desposeído. Además de los Tres Reyes, perecieron miles de combatientes, sobre todo del lado portugués y sus aliados. Varios miles más cayeron prisioneros de las tropas del sultán y se convirtieron en cautivos ¡Un desastre!

La noticia de la muerte del joven rey, que tenía veinticuatro años, cayó como un mazazo en Portugal. La derrota militar hizo desaparecer o condujo al cautiverio a muchos nobles y causó una gran ruina económica, aunque hay que decir que, para los más prudentes de entonces, portugueses y españoles, era la crónica de un desastre anunciado. Nadie pudo evitarlo. Casi un acto de suicidio colectivo.

El viejo cardenal Don Enrique, tío de Sebastián, asumió el trono, pero al morir dos años después, la corona de Portugal pasó a manos de Felipe II por derechos sucesorios. Las tropas españolas, tras una breve resistencia, ocuparon Lisboa. Felipe II juró los fueros portugueses ante la Cortes de Tomar y quedó entronizado como Filipe I en 1580.

A partir de ese momento, la leyenda, el mito, cobra cuerpo y se desarrolla. El rey Sebastián no murió en Alcazarquivir, sino que se retiró, sin sufrir daño. Algunos testimonios así lo aseguraban. En realidad, el Rey estaba escondido, *"encoberto"* y volvería para salvar a Portugal. Retornaría con certeza para liberar al país de la dominación extranjera y para instaurar un nuevo imperio portugués. La muerte en dramáticas circunstancias de un rey joven, con un futuro prometedor, sacrificado por su pueblo, y querido por sus súbditos, creó una aureola que contribuyó no poco a la expansión del mito. Nadie recordaba ya que a estos males contribuyó el propio rey por su "mala cabeza".

Para dar cuerpo a la leyenda del retorno, surgieron varios suplantadores, usurpadores en la terminología de D. Francisco Ayala, quienes, utilizando el mito, extendieron la esperanza de la liberación y trataron de hacerse con el trono, además. Por lo general, eran impostores sin mayor trascendencia, que surgían porque el caldo de cultivo social existente creaba condiciones favorables a su aparición casi continua. Dos de ellos dieron dolor de cabeza a las autoridades portuguesas y españolas. El primero fue El Pastelero de Madrigal, del que habla en extenso D. Francisco Ayala en su obra *"Los Usurpadores"*, capítulo dedicado a los impostores. El segundo, un italiano de Venecia llamado Marco Tulio Catironi, que se presentó veinte años después de la desaparición del rey. Fue el caso más difícil, pues el suplantador suministró abundantes pruebas de su conocimiento de la vida y milagros del Rey que dejaban perplejos a quienes habían conocido a D. Sebastián. Superó tribunales y comisiones de investigación. Guardaba además un gran parecido físico con el propio Rey. La única prueba que no pudo superar fue su conocimiento del portugués, que era muy somero. Casi todos los impostores fueron presos por las autoridades españolas, juzgados y ejecutados. Su aparición era un peligro para el Poder Español, porque alimentaban la esperanza entre los portugueses, no ya del retorno del rey, muerto y bien muerto en Alcazarquivir, sino de sacudirse el sometimiento a una monarquía foránea.

Está claro que el mito del sebastianismo estimuló, durante todos los años de dominación española, de 1580 a 1640, la resistencia y la conspiración para escapar a ese imperio y recuperar la independencia. Incluso hay ensayistas lusos que sostienen que el mito fue aprovechado por los autores del golpe de estado de los Restauradores, en 1640. Un grupo de conspiradores que, en nombre del Duque de Bragança, posteriormente coronado como Juan IV de Portugal, expulsaron a las autoridades españolas y dieron inicio a una guerra de independencia muy larga pero victoriosa, que desunió las dos monarquías, asegurando la independencia de Portugal. Se volvió a las fronteras del Tratado de Alcañices. Esta sería la dimensión política práctica más evidente que alimentó el mito del sebastianismo.

La leyenda tuvo así mismo una dimensión literaria evidente, tanto en lo que podríamos denominar literatura popular como en la más culta. El atractivo de la figura del Rey, en vida y después, fue grande. Numerosos escritores portugueses y también españoles le dedicaron obras. Vamos a señalar sólo a los que parecen principales. Así, el propio Luis de Camões le dedica su obra máxima, *Os Lusíadas* (véase Canto I, 6-18); Antonio Bandarra, poeta popular, contribuyó poderosamente con sus poemas al mito del "Sebastianismo". Fernando Pessoa, mucho después, dedicó atención al rey (véanse los versos que inician y finalizan este texto). Otros serían Almeida Garret, Antonio Vieira y Manuel Alegre. En fin, la lista es muy larga. Por parte española, habría que destacar a Calderón de la Barca con su obra de teatro *El príncipe constante* y a José Zorrilla con su poema *Traidor, Inconfeso y Mártir*. El cineasta portugués Manoel de Oliveira realizó una película sobre el rey *"Encoberto"*, O *Quinto Imperio*, un tema, por otra parte, muy vinculado al sebastianismo.

Como ya he dicho, la recuperación de la independencia nacional a partir del golpe de los Restauradores hizo que, poco a poco, el mito dejara de tener un objetivo y se fuera diluyendo. El siglo XVIII, con la independencia asegurada y una Monarquía consolidada, Ilustrada además, parece que señala el momento en que el mito vivo se convierte en leyenda del pasado. Pero hay algo que subsiste, al decir de algunos autores portugueses, y es la aspiración, que parece formar parte de la idiosincrasia lusa, por encontrar solución a los problemas patrios en fórmulas venidas desde fuera del tiempo y de la realidad. Sería un asunto a discutir, más propio de expertos en "identidades nacionales". Aquí lo dejaríamos, no sin antes mencionar dos cuestiones, la segunda de ellas muy sorprendente.

En primer lugar, desde el inicio de la dominación española, existe en el Monasterio de los Jerónimos, en Belém, una tumba a nombre del Rey Don Sebastián. Parece que allí están recogidos sus restos, repatriados por Felipe II, vía Ceuta, donde fueron entregados por representantes del Sultán un tiempo después de la batalla. Nunca gozaron de mucho crédito estos restos en Portugal. Creo, sinceramente, que con las técnicas modernas de análisis del ADN de que disponemos en la actualidad, no sería difícil concluir si esos restos son efectivamente los de Sebastián I, a fin de cuentas, un miembro de la casa de Avís y emparentado con los Austrias. No sabemos que nadie lo haya hecho. Siempre es más hermoso mantener la leyenda del rey desaparecido.

La segunda cuestión resulta ciertamente curiosa a primera vista. Agotada la leyenda en Portugal, esta resucitó al otro lado del Atlántico, en tierras de Brasil. En aquel país-continente, clímax de la fusión y la diversidad, el sebastianismo gozó siempre de adeptos entre los partidarios de la Monarquía derrocada y, en algunos casos concretos, fue recuperado para dar sustancia, esperanza, a algunos movimientos de protesta entre los campesinos del Noreste del país, en la zona del Sertão. Esta recuperación es muy tardía, pues durante el siglo XIX varios de estos movimientos se alimentan con el mito del retorno del rey escondido ¡trescientos años después de su desaparición!, para sustentar un movimiento que acabara con la república, reimplantara la monarquía e hiciera justicia en la zona. El último de estos movimientos de protesta campesina que reivindicaba la figura de D. Sebastián, fue la conocida como Guerra de Canudos, que terminó en 1897 con la intervención del Ejército brasileño.

Pero D. Sebastián aún está presente en Brasil a través de varias leyendas populares que se siguen manteniendo. Tal es el caso de la Ilha dos Lençóis o Isla de las Dunas, en la costa próxima a la ciudad de San Luis de Marañón. Según esa leyenda, el rey Sebastián mora en las proximidades de la isla, en el fondo del mar, en un palacio de cristal, de donde espera ser rescatado para cumplir su misión redentora. Los nativos de esta isla lo consideran una especie de tótem protector y su imagen, como fetiche doméstico, se prodiga en sus moradas. Se consideran súbditos de *El-Rei* y esperan su advenimiento liberador.

En fin, en Brasil estas leyendas son abundantes y parecen hacer buena la expresión del poeta Fernando Pessoa, quien dijo, tal vez interpretando el mito en su forma más ajustada:

> "Quanto é melhor, quando há bruma,
> Esperar por D. Sebastião,
> Quer venha ou não!"

Que se podría traducir, de forma muy libre, diciendo: *"En momentos de bonanza o de tribulación, acordémonos de Don Sebastián, tanto si viene como si no".*

P.D. ¡Ah! Casi se me olvidaba. En la ciudad de Lagos, antigua capital de Los Algarves, existe una simpática y controvertida versión estatuaria del Rey Escondido, que es objeto de numerosas fotografías por parte de los turistas. Se ha convertido en un icono de la ciudad.

Altura, octubre 2015.

ÁNGELES Y DEMONIOS

Un breve scherzo inspirado por Rainer María Rilke

La idea para este texto me vino preparando la revisión de los pasajes de uno de mis libros anteriores para una nueva edición. No sé muy bien por qué, pero la inspiración llegó, como suele acontecer, trabajando en asuntos literarios. Y es que en esa tarea recordé un texto de Rilke relativo a la presencia evanescente y permanente de los ángeles y su complementariedad con los demonios, al menos los personales del gran poeta alemán. Bueno, nacido en Praga durante el Imperio Austro-húngaro y que escribía en alemán.

El poeta afirmaba ser agnóstico respecto a las cuestiones de la religión católica. Pese a ello, estaba muy preocupado por los ángeles y los demonios, dos categorías de seres que pugnaban en su imaginario poético, en su mundo interior. Es conocida la anécdota de cuando le propusieron psicoanalizarse, y respondió a su amigo médico y psicoanalista, después de un tiempo de reflexión, que no lo iba a hacer, porque si eliminaba a sus demonios corría el riesgo de perder también a sus ángeles; así que era mejor dejar que las cosas siguieran como estaban. Lo cierto es que el poeta sufría mucho por esa pugna interna, ese combate continuo entre los adalides de la luz y el bien y los representantes de las fuerzas de la oscuridad y el mal.

Rilke desarrolla el tema de esta oposición en su obra *Elegías del Duino* y también lo usó en su viaje por España, como nos cuenta

Jaime Ferreiro Alemparte en su magnífica presentación del *Epistolario español*. Resulta de un interés apasionante seguir el rastro de ese binomio en sus escritos, pero ese no es el objeto de este breve texto. Más bien lo es el aprovechar la idea para aplicarla a la realidad actual de nuestro país, una reducción sin duda, pero un intento de usarla como método para interpretar aspectos de nuestro convulso escenario actual.

Vaya por delante que, en el poeta, este es un asunto del todo personal, íntimo, nacido en sus ensoñaciones y que cristaliza como realidad sólo en sus obras. Aquí lo vamos a usar para interpretar hechos y, siguiendo a Weber, para clasificar tipos. En otras palabras, la lectura de Rilke sobre estas dos categorías, sobre todo la de los ángeles, me ha hecho concebir la idea de poder aplicar ese binomio a la realidad, sobre todo social y política de nuestro país. Probablemente, si Rilke viviera, se sorprendería por este prosaico derrotero de su idea, pero así ocurre con frecuencia. Una idea o un concepto nacido en un espacio determinado emigra para ser usado como muleta en otro. Soy consciente de que la visión de Rilke es poética y la mía algo más mostrenca, pero ambos tratamos de enfrentar complejidades, contradicciones, malhechos y preocupaciones. El gran poeta alemán lo hacía para ordenar sus interioridades y yo, para observar y entender algo las circunstancias que nos rodean. De la traslación de ese método y de su aplicación, surge esta broma.

Yendo al asunto de fondo, ¿quiénes serían los ángeles en nuestra situación actual? Pues me permito vincular esta figura, este concepto, a aquellas personas individuales, y también instituciones, que practican la ayuda y la solidaridad con todos los ciudadanos que se encuentran en algún estado de necesidad. Estos "ángeles" nos rodean un poco por todas partes y hacen el bien, ayudando a la gente, porque lo consideran natural. Son solidarios, justos y también reparadores de los desafueros causados por los demonios. En unos casos, actúan en el ámbito familiar, pero también los hay que practican su solidaridad en el dominio general de la sociedad. En épocas de zozobra como la actual, su existencia es muy de agradecer. Estos ángeles, auténticos leones que decía Rilke, nos ayudan a superar problemas laborales, económicos, de alojamiento, de alimentación, de salud… a veces también afectivos. Seres solidarios que unas veces actúan en solitario y otras se organizan con otros que tienen los mismos sentimientos y, con frecuencia, crean o apoyan a instituciones para facilitar su misión. Podemos pensar, a modo de ejemplo, en aquellas personas que dedican tiempo, dinero o esfuerzo, a acoger refugiados, dar de comer a familias desamparadas, luchar contra injustos desahucios, encontrar trabajo a quien no lo tiene, ayudar a encontrar techo a quienes carecen de este derecho básico, asistir jurídicamente a quien precisa de ese apoyo ante la Justicia, asegurar asistencia médica a quien no tiene "derecho administrativo" a ella. En otro sentido y a efectos prácticos, en esta categoría estarían, según mi punto de vista, quienes, de buena fe, se dedican a informar al público sobre robos y latrocinios (la famosa corrupción), a interpelar a la Administración por sus decisiones, o a ejercer sus profesiones, públicas o privadas, con honradez. El lector puede añadir, con seguridad, mucho más, a poco que reflexione sobre lo que sucede en su ámbito de actividad o en su entorno vital. La verdad es, en la visión que yo tengo del asunto, que la existencia e incluso la expansión de estos ángeles en los últimos tiempos, los sitúa por todas partes. Muchos de ellos, como diría Rilke, no saben que son tales ángeles y acometen sus tareas simplemente porque consideran que las cosas, para ser justas o correctas, deben ser de otra forma o incluso sólo porque piensan que es un deber hacerlo así sin plantearse mayores honduras. Podríamos afirmar, como decía el poeta de los ángeles en Toledo, que se las arreglan para convivir entre los hombres, pareciendo tales y que llegan a creer de buena fe que son seres normales. En realidad, constituyen una categoría diferente de seres, nacidos ante la necesidad de enfrentar la expansión del mal y la sofisticación de sus métodos para dominar el mundo y sojuzgar a la humanidad. Mientras muchos critican y despotrican contra los males de este mundo, los ángeles actúan. Lo pueden hacer de forma individual, casi del todo anónima, o de forma más organizada, a través de instituciones como las ONGs o en cualquier otra donde la fortuna les lleve.

Pasemos al otro lado ¿Quiénes son los demonios en el momento actual? Vaya por delante decir que ángeles y demonios aquí, en este texto, son categorías "morales" excluyentes. Es posible que unas veces seamos ángeles y otras demonios, pero sólo una minoría de todos nosotros integra simultáneamente estas dos categorías. Los demonios serían aquellos seres, por lo que se ve bastante bien organizados, que nos complican la vida con sus extravagantes, por utilizar un término amable, actividades económicas, políticas, informativas y culturales. Sus mentiras continuas y sus desvaríos respecto a la realidad, les hacen tener un comportamiento muy típico. En realidad, son seres aposentados en un profundo egoísmo, que se dedican prioritariamente a conseguir sus objetivos personales en la vida o a ayudar a sus secuaces a conseguir los suyos, por lo general, muy simples: poder político o poder económico y con mucha frecuencia asociados, pues piensan que todo lo demás vendrá por añadidura. Y desarrollan las actividades que consideran necesarias para conseguir esos objetivos, importándoles una higa las normas y lo que nos ocurra a los demás. Es decir, que no les importa lo más mínimo el resto del mundo. Amparados muchas veces por la complicidad de sus colegas en otras instituciones. Son seres que contribuyen a crear confusión, a desanimar y, con frecuencia, a empobrecer a mucha gente para enriquecimiento propio. Eluden pagar impuestos, manejan dinero negro a gran escala, extorsionan a muchos, utilizan en su propio beneficio información privilegiada que han obtenido en el "ejercicio" de sus cargos, aprovechando su posición en las instituciones. Suelen mostrarse sorprendidos cuando se hacen públicas sus acciones ¿Acaso no son normales? ¿No les asiste el "derecho" de actuar así en lo que consideran "lo suyo"?

En nuestro país, muchos ciudadanos estamos consternados por el espectáculo de la vida política y económica a la que asistimos y que no es sólo una cuestión lejana, sino que afecta a nuestra existencia, obligando a los ángeles a emplearse a fondo ¿Cómo calificar a los miembros de un partido político que recibían dinero extra en negro por el que nunca tributaban o que disfrutaban de privilegios inherentes a su puesto a costa de sus conciudadanos? En la cúspide de esta pirámide diabólica podíamos situar a varios personajes conocidos. Uno de ellos recibía dinero de inconfesables actividades mientras ocupaba uno de los puestos de máxima responsabilidad en el gobierno del país. No tenía bastante con el opíparo sueldo que cobraba y utilizaba información privilegiada, sobre las propias decisiones que tomaba o iba a tomar, para hacer caja aparte. Estos demonios viven en numerosas instituciones públicas y semipúblicas ¿Quién no recuerda el desastre de nuestras entidades crediticias públicas, gestionadas por un buen número de incompetentes y forajidos? Figurará en los anales de la historia económica de España. Ya está figurando en los libros. La mayoría de estos demonios, gestores en esas entidades arruinadas, sacaron pingües beneficios con lo que hicieron. A muchos ciudadanos, esto les ha causado la ruina y un gran sufrimiento, no compensado, y nadie ha castigado aún a sus autores como se merecen. La Política siempre fue un campo de acción de los demonios, por la posibilidad de ejercer el poder y utilizar ese poder en beneficio propio o de su familia o de su partido. En las grandes instituciones de nuestra sociedad hay muchos demonios y en estos momentos tal vez más que nunca. Casi podíamos decir que la Política actual es el paradigma de la maldad y el territorio natural de los demonios, que hacen de la mentira y de la negación de sus fechorías dos pilares de su acción. No debemos pensar que esto es exclusivo de nuestro país. En nuestro ámbito geopolítico, el Capitalismo, con ese lema de que casi todo vale si sirve para obtener beneficio, los ha generado por todas partes.

Existen también en otros campos, además de en las instituciones del Estado: en el mundo empresarial, el de la cultura y el espectáculo; los hay en la Iglesia y, no pocos, en los medios de comunicación. Desde estos últimos, contribuyen a crear una gran confusión tratando de hacer pasar como normales o incluso buenas, a personas y actitudes absolutamente reprobables, de puros demonios. Normalmente, actúan conchabados unos con otros.

Hay otro demonio al que no puedo dejar de referirme. Abunda mucho en estos lares patrios, patriarcales, machistas y un poco homófobos. Me refiero a los maltratadores. Auténticos delincuentes, homicidas confesos, perseguidores de mujeres (la maté porque era mía), también pueden agredir de formas muy diversas a niños, personas con hándicaps físicos o mentales. O, más simplemente, a aquellos que son distintos de su "orden" de cómo deben ser las cosas o las personas. A juzgar por las noticias de prensa, son difíciles de erradicar. Sin una buena educación (también en esto) y una persecución sin paliativos del delito, debemos prepararnos para seguir "conviviendo" con estos demonios que parecen extenderse por toda la sociedad, con especial incidencia de sus fechorías en los sectores más desfavorecidos.

Así como los ángeles parecen seres más discretos, más anónimos, los demonios suelen cometer sus maldades sin recato, porque una de las certezas que manejan en sus actividades es que la impunidad les protegerá siempre o que su derecho o su razón les asiste. Son prepotentes, usan y abusan de su poder. Tienen nombres y apellidos. Cometen delitos continuos y no es fácil que se sienten en un banquillo y, cuando lo hacen, tampoco está claro que vayan a pagar por ellos, pues disponen de muchos recursos de todo tipo para escapar indemnes. Por lo general, son muy hábiles en eludir la condena por sus reprobables actos que, con frecuencia, son del dominio público.

En todo hay excepciones. Y también en el campo de la Política, que parece el hábitat natural de estos demonios. Para mí uno de los grandes ángeles de nuestro tiempo fue un conocido político. Se llamaba Nelson Mandela y supo llevar la paz y la reconciliación a su maltrecho país, suministrando un buen ejemplo al mundo. Hay más. A la sagacidad del lector dejo esa pesquisa. Pero no meta a muchos en esa cesta, pues pocos lo merecen.

Como ya dije antes, la idea de que todos somos un poco demonios y un poco ángeles puede ser buena para construir la letra de alguna canción o para expresar algún lugar común coloquial. Pero no me refiero a esa posibilidad, sino a actitudes y comportamientos sociales que implican a personas o instituciones cuya actividad tiene consecuencias directas y a gran escala sobre la sociedad en su conjunto.

Siguiendo la idea de Rilke, es verdad que hay relación entre ángeles y demonios. En buena medida, mientras haya demonios habrá ángeles y cuando los demonios desaparezcan, una hermosa utopía, todos los seres humanos seremos ángeles y, en consecuencia, ya no habrá necesidad de que estos existan, al menos tal y como los conocemos hoy en día. Pero imagino que se crearán nuevas formas de favorecer a la gente en situación apurada.

¿A qué categoría pertenecemos cada uno de nosotros? Reflexionemos sobre nuestros actos y nuestras apetencias, a ver si somos capaces de ponernos en una u otra, pero sin obsesiones. Imagino que al final ganará la categoría de los ángeles por mayoría, pero al menos, si al reflexionar detectamos algunas cosas que no hacemos bien y concluimos con el deseo de mejorarlas, habrá merecido la pena el *scherzo*.

Sevilla, octubre 2015.

LA MONJA PORTUGUESA

"Pero para querer hay que embarcarse en todos los proyectos que pasan,
sin preguntarles nada, llenos, llenos de fe en la equivocación de ayer,
de hoy, de mañana, que no puede faltar".
Pedro Salinas

Manejando algunos textos epistolares de Rilke para redactar una fantasía relativa a los ángeles y los demonios, me apareció una perla de la historia de la Literatura que hasta ese momento yo desconocía casi por completo. Bueno, algunas vagas y lejanas referencias. Después de un tiempo dedicado a documentarme, obtuve la información suficiente para dibujar una pincelada de este interesante asunto, para mí un auténtico hallazgo. Queda relatado de forma resumida a continuación.

En Portugal, en la ciudad de Beja, una de las capitales del Alentejo, tuvo lugar a finales del siglo XVII un acontecimiento literario de primer nivel que trascendió a la ciudad e, incluso, al convulsionado país que era el Portugal de entonces, para irradiar a toda Europa. Mejor dicho, a toda la sociedad europea relacionada con el mundo de la cultura, en su tiempo y durante muchos años en el futuro. En Portugal y en otros países europeos es un asunto conocido, en España creo que menos, tal vez sólo para expertos o grandes lectores, por eso me atrevo a dar noticia del mismo.

Desde el año 1640 la guerra atenazaba el territorio donde se enclava Beja. Los portugueses se habían sublevado contra los españoles en ese año mediante el golpe de Los Restauradores y luchaban por su independencia en una contienda que se hacía eterna. Eran tiempos convulsos y una familia con posibles de Beja, los Alcoforado, decidieron que, en aquellos momentos de tribulación, el mejor sitio para su hija Mariana era un convento. Así que esta ingresó en el convento franciscano de la Concepción, más por conveniencia familiar que por convicción religiosa. Allí podría hallar refugio seguro contra los horrores de la guerra. O eso pensaban ellos y en consecuencia la hicieron entrar en esa institución hacia el año 1651. Mariana tenía alrededor de once años.

En aquella guerra, los portugueses, para contrarrestar el poderío militar español que, aunque ya estaba en declive, todavía era formidable, pidieron ayuda a Francia e Inglaterra. Estas naciones enviaron tropas al territorio portugués para ayudar a los independentistas.

Entre las tropas extranjeras acantonadas en Beja hacia 1664, se encontraba un regimiento francés de caballería bajo el mando supremo del duque de Schomberg, un militar alemán al servicio del Rey Sol. En ese cuerpo militar servía, con el empleo de capitán, Noël Bouton de Chamilly, que llegó a detentar el título de marqués de ese mismo nombre, Chamilly. Este sería, junto con Mariana Alcoforado, el co-protagonista de la historia.

El caso es que Mariana y Noël se conocieron y Mariana quedó locamente enamorada del francés. Parece que la relación contó con la complicidad de Baltasar, hermano de la monja. Mariana se entregó al joven galo con toda la pasión de sus jóvenes años y el deseo de quien no conocía varón. El francés correspondió dejándose querer.

Antes de que la guerra terminase, el militar volvió a su país, tal vez alejándose del escándalo que había originado entrando en aquella relación que, para la sociedad de la época, no era admisible del todo. Pero también huyendo del problema amoroso que habían creado. No se fue sin prometer a Mariana que la llamaría a su lado en cuanto se instalase de nuevo en Francia. Promesa que nunca se cumplió, como parece que era su objetivo. En fin, una historia más de seducción y abandono, si no fuera por la determinación que mostraría Mariana.

A partir de la separación comienza la verdadera historia. Efectivamente, Mariana, a lo largo de los años siguientes, escribe cinco cartas a Noël que figuran en los anales del género epistolar de la Literatura Universal. Son textos en los que la amada muestra una y otra vez un sentimiento sin límites, hace historia de su enamoramiento y le recuerda las incumplidas promesas. Todo, además, en un estado de extrema pasión que transmite la dimensión de su amor a cualquiera que lea las cartas. Sin duda, un desvarío amoroso, pero en estas cartas combina de forma admirable la efusión con un estilo literario accesible, hasta el punto que, aún hoy en día, su lectura resulta atractiva, a pesar de que el tiempo pareciera haber puesto de lado el estilo tan hiperbólico y ampuloso de la época. No es el caso. Mariana expresa directamente sus emociones, los recuerdos de sus encuentros y los cambios en su estado de ánimo, enfebrecido por la pasión, con una expresión literaria sencilla que favorece la lectura de las cartas. Manifiesta la esperanza del reencuentro y las dudas sobre el mismo. Sólo en la última de las cartas, parece que empieza a aceptar el carácter de relación sin futuro y apunta el deseo de poder olvidar aquel episodio vital. En varios aspectos, temática, expresión de los sentimientos, estilo… literariamente anticiparon el movimiento romántico.

Las cartas llegaron a caracterizar un género epistolar de la época, referido a las misivas de amor, llamadas "cartas a la portuguesa", que estuvo de moda durante finales del siglo XVII y principios del XVIII. No hubieran tenido mayor trascendencia, si no fuera porque fueron publicadas por el editor Claude Barbin en 1669, muy pronto. Lo fueron en su versión francesa, pues se dijo que los originales portugueses "se habían perdido". Posteriormente, se hizo una publicación holandesa y luego otra inglesa, y una alemana… En un año alcanzaron cinco ediciones, lo que las convirtió en un éxito editorial de la época. Con la publicación empezó la leyenda, o mejor la controversia, que llega hasta el día de hoy y proseguirá en el futuro.

Lo que alimenta la polémica sobre las cartas no es su contenido, ni el atractivo un poco morboso por tratarse de un amor prohibido que, al parecer, sin embargo, era común en la época, sino el verdadero origen del texto. Enseguida surgieron dudas de la autoría de las cartas ¿Una monja portuguesa u otro autor anónimo? Tal vez, incluso masculino. Esta última tesis estaba avivada, claro está, por el fuerte enfoque de género masculino que entonces tenía la actividad literaria, que no se consideraba propia de mujeres, excepto como lectoras.

Creció la corriente de opinión sobre que las cartas habían sido redactadas por un tal Gabriel-Joseph de Lavergne, conde de Guilleragues, director de la Gazette de France. El debate sobre el origen se inició de inmediato y aún prosigue. Muchos de los que analizaron los textos concluyeron que era un invento de Lavergne. Otros mantienen que el propio Racine tuvo mucho que ver con el asunto. Pero hay también numerosos argumentos para admitir que las cartas fueron redactadas por Mariana Alcoforado, quien efectivamente vivió en el convento en esos años y parece que, por familia, manejaba el francés. Desde luego, su lectura sugiere que se trata de una mujer, por el desvelamiento tan especial de su alma femenina. Si fuera un hombre, este mostraría una rara maestría en el conocimiento de la condición femenina. En cualquier caso, la polémica sobre el origen continúa, casi trescientos cincuenta años después de la aparición de tan singulares epístolas.

Las cartas fueron el modelo elegido para el género epistolar galante en los siglos posteriores, sobre todo el XIX. El teatro adaptó numerosas obras sobre el hecho. Aún hoy se siguen escribiendo y representando obras, principalmente en Portugal, sobre los amores de Mariana Alcoforado, siempre basadas en sus míticas cartas. Las adaptaciones cinematográficas también son numerosas, algunas de realizadores españoles. De los documentales cabe decir lo mismo. En resumen, que la historia de amor poco correspondida de Mariana Alcoforado ha sido fuente de inspiración para numerosísimos autores, entre ellos este modesto relator. Y ello no es capricho ni casualidad, sino mérito de Mariana, que supo expresar, negro sobre blanco, un tipo de emoción que nos hace superiores, a pesar del sufrimiento que la suele acompañar y del dogal de las convenciones sociales al que tiene que someterse y que no siempre logra superar. Desde la edición de 1669, las cartas se han editado, literalmente, cientos de veces y aún lo serán en el futuro.

Mariana murió en 1723 a una edad provecta, más de ochenta años, habiendo llegado a ser abadesa de su convento. Sucedió cuando Portugal tenía ya su independencia reconocida desde 1668 y cuando en España reinaba, tras otra cruenta y larga guerra, la misma casa, los Borbones, a la que había servido su inconstante amante en suelo lusitano, precisamente contra España. Paradojas de la Historia, resultado del predominio de los intereses de los poderosos y la ignorancia de los de sus súbditos.

En Beja puede visitarse el convento de la Concepción, ahora dedicado a museo regional. En él enseñan una ventana, algo apócrifa, la ventana de Mértola, *A Janela de Mértola*, desde la que se supone que Mariana cruzó por primera vez su mirada con la del oficial francés y surgió el enamoramiento. La referencia a Mértola se produce por la posibilidad de avistar desde esa atalaya tal ciudad en la lejanía. Esa ventana origen de toda la trama es, en la práctica, el símbolo de la ciudad, o merecería serlo.

Por último, la relación entre Rainer María Rilke y Mariana Alcoforado fue muy directa, pese a la distancia de siglos entre ambos. Resulta que Rilke es el autor de una de las traducciones al alemán de las Cartas de Amor. Eso ocurrió hacia 1913. Además, según los críticos, parece que las Cartas influyeron en sus *Elegías*.

Beja, noviembre 2015.

A Janela de Mértola. Foto del autor

LA JUBILACIÓN

Ahora estoy bien. Me costó, claro está, adaptarme a la situación de esta nueva no-actividad. Fueron unos meses, casi un año, difíciles. Pero lo logré y ahora estoy bien. Supongo.

Me refiero a cuando pasé a depender del Ministerio de Trabajo y Seguridad Social, que es como creo que se llama. En mi anterior trabajo llegué a ser un experto reconocido en lo mío. Pero al final, la labor de uno en la Administración Pública, además de que termina por resultar rutinaria, se ve enfrentada a obstáculos que la hacen inviable. Los procedimientos y las normas de control, que por todas partes han avanzado de forma soberana, han terminado por hacer muy difícil el trabajo creativo. Es más, en este mundo se empieza a pensar que todo lo creativo es sospechoso de vulnerar alguna ley o algún oscuro reglamento en vigor. En consecuencia, diría que ahora se dedica más tiempo y esfuerzo a cumplir esas normas que a producir algo de interés para los demás. La explicación más generalizada sobre este tremendo aumento del control es que hay mucho miedo a la corrupción. Y nunca ha habido tanta corrupción o, tal vez, nunca antes se han conocido tantos casos de corrupción. En ese contexto cuasi inquisitorial, todo el mundo puede ser sospechoso y si quieres hacer cosas imaginativas, diferentes y diversas, entonces eres casi un imputado. Si te dedicas sólo al control de lo que hacen los demás, tus problemas son menores.

Lo siento por los más jóvenes, que van a tener que sufrir esta situación durante muchos años.

Como decía, en mi nuevo puesto estoy bien. Me han bajado algo el sueldo. Bueno, más de un treinta por ciento. Pero tengo mucho tiempo libre. Por decirlo con palabras que puedan entender mis antiguos compañeros, entre vacaciones, días de asuntos propios y permisos por enfermedad, tengo todo el año. Así que puedo viajar, leer, pasear… sin necesidad de hacer componendas de calendario. Me trae sin cuidado si las fiestas importantes caen en domingo o en lunes. Yo las disfruto sin tener necesidad de compensar nada. Y si no puedo ese día… al lunes siguiente.

Pero lo mejor es que no tengo que cumplir horario alguno. Al principio no me lo creía del todo. Alguna trampa tenía que tener esta situación. Así que me fui al Ministerio a preguntar cuál era el horario que me correspondía. No me fue fácil encontrar a alguien que me diera información. Tuve la impresión de que no entendían mi pregunta o aún peor, que mis interlocutores creían que me burlaba de ellos. Pero nada más serio para mí que cumplir con mis obligaciones laborales y estas empiezan siempre con el cumplimiento de un horario; esa es la norma que a mí me explicaron mis mayores. Así que después de subir y bajar varias plantas y de visitar varios despachos, me remitieron a una persona de mediana edad que, muy amable, me escuchó atentamente y luego me dijo de forma muy directa:

—*Mire usted, le voy a decir la verdad; preste usted mucha atención por favor.*

—*Soy todo oídos. Dígame usted.*

—*Pues verá. Usted no tiene que cumplir horario alguno y menos aquí, en la sede del Ministerio. Está usted jubilado ¿Me entiende? Jubilado, y ya no tiene más obligaciones laborales con la Administración Pública. Todo su tiempo es libre, para usted, para hacer lo que quiera, ¿me entiende? No*

tiene que venir por aquí ni por su antiguo trabajo nunca más ¿Me ha
entendido?

—*Creo que sí. Como… ¿unas vacaciones continuas?*

—*Exactamente, veo que lo ha comprendido.*

—*Pero me surge una duda… Todo esto… ¿quién lo va a pagar? Porque*
debe costar un dineral pagar a alguien que no produce.

—*No se preocupe usted por eso. Es materia del Ministro.*

—*Bien. De todas formas, como ha sido usted tan amable y tan directo, le*
voy a decir una cosa. Vendré por aquí de vez en cuando por si hay que
echar una mano en algo. Sobre todo, a la gente joven ¿De acuerdo?

—*Esta es su casa. Proceda como usted quiera.*

Y levantándose me acompañó, agarrándome del brazo de una
forma que yo diría suave pero firme, hasta el ascensor. Allí se despidió de mí.

Cuando salí a la calle mis sentimientos eran confusos. Era libre
de hacer lo que quería. El problema es que no sabía lo que quería
hacer. Me fui para casa para pensar un poco y para planificar mi
futuro. ¿Qué hacer ahora?

Después de pensarlo un poco me forjé un plan. Lo primero era
fijarme en lo que hacían otros "colegas del Ministerio" que había
por mi barrio. Me fue fácil hacer la lista de sus actividades. Algunos
salían a caminar como si tuvieran algo importante que hacer, con
la vista fija al frente y el paso firme, rápido (más o menos) y decidido. En plan "mensaje a García", que decían en la "mili". Pero en
realidad sin rumbo fijo. Otros hacían la compra, estos paseaban a
los nietos, cuidándoles, aquellos a algún animal de compañía, por
lo general, un perro. Había también partidarios de largas sesiones
de café con leche, tostada y periódico del bar. En estas sesiones,
cuando eran en grupo, algunos vociferaban los remedios para arre-
glar el país, a veces con vehemencia arbitrista… En fin, actividades
diferentes que podríamos calificar como normales para esa circunstancia, pero que a mí no me satisfacían.

Así que me apunté a un gimnasio para practicar la natación, que siempre me ha gustado, y para allá que me iba todas las mañanas un par de horas. Conocí alguna gente interesante y otros sin mucho interés; como la vida misma. Pasado un tiempo, me acordé de mi ofrecimiento de ir al Ministerio a echar una mano. Lo pensé y decidí que iría el lunes de la próxima semana. Más que nada por hacer músculo, me iría caminando hasta allí. Me vendría bien retomar el contacto y creo que al Ministerio también, poder contar con una persona con mi experiencia. Aunque fuese esporádicamente.

Así que al lunes siguiente me levanté con el propósito de girarles una visita. Llegué a una hora prudencial y después de identificarme en el control de seguridad de la entrada, me dirigí a hablar con la persona que me atendió la última vez. Estaba moviendo papeles en su despacho. Cuando entré se quedó un poco bloqueado, evidentemente sorprendido por mi reaparición.

—*Buenos días ¿Se acuerda usted de mí?*
—*Creo que sí. Usted dirá.*
—*Como hace un tiempo me ofrecí a venir a echar una mano, por mi experiencia, a la gente joven, pues aquí estoy ¿Cree usted que hay alguna tarea en la que les pueda ayudar?*
—*¡Ah! ¡Era eso!* —dijo desplomándose en su sillón, yo diría que con actitud resignada—*Bien, pues verá usted... le tengo que hacer una confesión. Ahora, con la crisis y la privatización de muchas funciones, el trabajo escasea y, en consecuencia, el Ministerio apenas tiene presupuesto. Nos vemos obligados a repartir el poco trabajo existente entre los que quedamos ¿Qué quiere? Tenemos que mantenernos ocupados. Ahora hay poca gente y menos trabajo. Además, lo de transmitir la experiencia a los recién llegados, nada de nada, no hay nuevos empleados. No se reponen las bajas por jubilación o fallecimiento. No hay dinero para pagar a gente nueva y tampoco trabajo real para ellos. Estamos en cuadro y sin trabajo.*
—*Ya. Y, entonces, por ahora, no ve usted la oportunidad ¿No es eso?*

—*Pues sí, eso es. Pero, de todas formas, si está usted jubilado… ¿Para qué quiere venir al Ministerio?*

—*Pues porque creo que mi experiencia puede ser valiosa para la gente joven… pero, como dice usted que ya no hay…*

—*Efectivamente, cada vez somos menos, más viejos y hacemos menos cosas de interés.*

—*Bueno, pues… siento haberle molestado. Volveré dentro de unos meses.*

—*Mejor es que llame usted por teléfono.*

—*Prefiero venir personalmente.*

—*Esta es su casa. Proceda como usted quiera.*

Esta vez mi interlocutor no me acompañó al ascensor y noté cierto alivio por su parte cuando, después de abrirme la puerta, salí del despacho. Me fui para el barrio pensando lo mal que está organizado todo. Debe haber muchas personas como yo que, de forma altruista, estarían dispuestas a compartir sus conocimientos con los que aún quedan trabajando, aunque, como parece, sean pocos. La jubilación habría que organizarla de otra forma, pues carece de toda lógica que se pase, prácticamente en veinticuatro horas, de la entrega al trabajo, a la desvinculación absoluta con el mismo. Me parecía un dispendio de experiencia y conocimiento. Lo hablaré con mis compañeros, en la piscina, por ahora. Veremos que se nos ocurre…

Sevilla, diciembre 2015.

LOS ABUELOS

Para el común de los mortales, el límite temporal de relación familiar suele situarse, como máximo, en dos generaciones atrás, es decir, en los abuelos. Hay personas que han conocido y tenido relación con sus bisabuelos, pero no es lo normal. En este breve escrito me quiero referir concretamente a esos antepasados próximos a los que atribuyo una gran importancia, tal y como lo veo ahora.

En la vida de la gente ha habido personas que han ejercido influencia sobre sus vidas. En primer lugar, los padres, que a veces han sido sustituidos, por circunstancias de la vida, por tíos u otros familiares próximos, o por tutores. También hay que atribuir influencia a los hermanos o hermanas mayores, a primos, próximos o lejanos, y a otros familiares, dependiendo de las circunstancias. Con todos ellos hemos vivido y de todos ellos hemos recibido influjo y tenemos recuerdos. El ascendiente de nuestros padres ha sido decisivo, probablemente en todos nosotros, en aspectos como la educación, la moral, el comportamiento y demás tributos que han contribuido a definir nuestra personalidad. Por nuestra aceptación, o incluso rechazo, de determinadas ideas, creencias o comportamientos. Podríamos decir que nos estamos refiriendo al influjo mayor sobre nuestras vidas. Eso no quiere decir que no hayamos tenido autonomía suficiente en nuestras opciones, sino que algunas de estas estaban condicionadas, en la medida que fuera, por el acervo educativo, moral, cultural y de conducta que recibimos de otros, a veces como si fuera, sólo como si fuera, una carga genética. No se excluye, por supuesto, la posibilidad de que esa influencia vital haya venido de personas próximas distintas de la familia, ajenas al entramado sanguíneo: un amigo, un profesor, un conocido...

Como he dicho más arriba, en este texto quiero reseñar el posible papel de los abuelos en esta obra vital. Y para hacerlo me voy a referir a los míos, pero el ejercicio puede hacerlo el propio lector, analizando su caso concreto ¿Qué recuerda de sus abuelos? ¿Los llegó a conocer, a tratar, a convivir con ellos? ¿Qué papel cree que jugaron en su vida? Y más difícil ¿qué recibió en concreto de ellos?

Los abuelos son, por así decir, la última frontera accesible de la familia, una buena fuente de información sobre la misma e incluso sobre los acontecimientos históricos que les tocó vivir y del estado del territorio en su época. En mi caso, yo tuve una relación muy directa con mi abuelo materno Joaquín, de quien ya he hablado en otro escrito anterior. Era una persona muy culta que me desveló muchos de los secretos de la Ciencia, además de iniciarme en el interés por los libros, la radio, los idiomas y el cine. En lo personal, mi abuelo, con sus luces y sombras, era un hombre de gran cultura y experiencia, que incluso vivió los acontecimientos previos a la Revolución Mexicana. Hacia 1904/05 se trasladó a México, como ingeniero de minas, en un viaje de estudios para visitar varias explotaciones mineras, entre ellas San Luis de Potosí. Por lo que le oí comentar en alguna ocasión, la situación en el país era ya muy tensa en esa época. Efectivamente, pocos años después estallaría la Revolución. Pero no solía hablar mucho de esos tiempos y sí de los acontecimientos actuales y de los descubrimientos científicos que se divulgaban entonces. Era lector habitual de *La Recherche* y de *Scientific American*, con lo que estaba al día de los avances científicos. Me comentaba algunos hallazgos y, aunque resulte difícil de creer, me acuerdo de algunos, como el descubrimiento de petróleo en el

Sahara y de grandes bolsas de agua fósil en mitad del desierto, o como las interacciones de los átomos. Aún recuerdo su explicación de cómo se detectaba en laboratorio la interacción de las partículas subatómicas.

Mi abuelo paterno, Luis, debió conocer los sucesos de la Guerra Hispano-norteamericana del 98 y los primeros avatares de la Independencia de Cuba, pues vivió en La Habana desde 1887 hasta 1910 o 1912, más o menos. Pero falleció casi diez años antes de que yo naciera y más de veinte antes de que yo estuviera en condiciones de preguntarle algo con sentido.

Los abuelos, creo que a veces con más fundamento que nuestros padres, tenían información de primera mano sobre los acontecimientos históricos de nuestro pasado más reciente. Y, desde luego, sobre la vida cotidiana de nuestro país hace noventa o cien años, como mínimo. En ese sentido, serían una fuente de datos antropológicos o sociológicos de mucho valor, además, claro está, de los correspondientes a la propia familia… si hubiéramos tenido la oportunidad de interrogarles adecuadamente.

Mis abuelos Luis y María, a la vuelta de Cuba, vivieron muchos años en Asturias, que era su tierra de origen, sobre todo mi abuela que murió en 1959. Debieron conocer de cerca los acontecimientos que ocurrieron en su región durante los treinta o cuarenta años que vivieron allí: la crisis de la Gran Depresión de 1929, la fallida revolución de 1934, encabezada por los mineros, el tiempo de sangre de la Guerra Civil y, mi abuela María incluso, el inicio de los cambios económicos en España.

Mi abuelo Joaquín y mi abuela Teresa vivieron en primera persona los años de la colonización de Marruecos por España (desde 1912 hasta 1956). Mi abuelo, que fue el más longevo de los dos, vivió además los primeros años de la singladura de Marruecos como país independiente, desde 1956 hasta 1960, más o menos.

Un problema que hacía difícil ese contacto, para los que ahora tenemos más de sesenta años, era que nuestros abuelos morían pronto. Por lo general, antes de cumplir los setenta, lo que hacía muy difícil acceder a la información que tenían, pues éramos muy niños cuando ellos desaparecían. Es decir, aún no estábamos en condiciones de formular preguntas y mucho menos de hacerlo correctamente. Su pérdida, cuando la recordamos, era siempre un hecho triste, pues desaparecía una persona querida de nuestro entorno familiar más próximo.

Además, también era siempre una pequeña catástrofe para el conocimiento, al menos el nuestro, pues con su desaparición se desvanecía una valiosa fuente de información, que nos podía servir para anclar de forma más firme nuestras raíces en las personas y en los hechos del pasado.

Hoy en día y tal vez para los que resulten más perdurables de nosotros, nuestros nietos sí tendrán esa oportunidad, pues la esperanza de vida de nuestra generación se ha alargado mucho. Como mínimo, diez años respecto a la de nuestros abuelos. Si se preocupan por conocer, nos sacarán mucha información para comprender la vida, la sociedad y la lógica de los cambios que se han producido. Pero soy algo escéptico respecto a esta posibilidad, pues ahora son tan abundantes las fuentes de información disponibles que resulta aparentemente innecesario acudir a una fuente personal, conocida tradicionalmente como las "batallitas" del abuelo. Y, sin embargo, el progreso de la Humanidad se ha hecho cumpliendo, durante mucho tiempo, este precepto de acudir a la experiencia de los mayores. La revolución tecnológica que se ha producido en esta fase del Capitalismo avanzado, ha vuelto innecesaria y poco útil esta vía de comunicación que, durante miles de años, fue prácticamente insustituible. Los cauces, mecanismos y contenidos de la información actual, evitan la interpretación y también la reflexión sobre la experiencia personal. Tal vez, la tecnología de hoy día, pensando malévolamente, evita que podamos tener criterio propio o recibir el de nuestros mayores. Aparentando diversificar y ampliar el conocimiento, tal vez homogeneice su valoración. Hoy es perfectamente posible obtener en tiempo real la información o los datos que deseemos, si existen en algún lugar. Esto es cada vez más posible. Se ofrecen en la red de forma muy elaborada, aunque no siempre con perspectiva crítica. Además, la facilidad y frialdad del acceso a la información del pasado, incluso próximo, aleja por desgracia el valor del contacto personal con nuestros familiares próximos y no contribuye al reforzamiento de esos lazos más domésticos.

No lo sabemos con certeza, pero tal vez en el futuro, dentro de dos o tres generaciones, los abuelos formen parte del entorno relacional usual de la familia durante bastantes años, al menos durante más tiempo que ahora. Ese hecho permitirá, a quien esté interesado, acceder a una fuente alternativa a las tecnológicamente muy evolucionadas formas de obtener información que presumiblemente habrá a la sazón. A una vía diferente, más de primera mano y humanamente más próxima, también tal vez más sesgada, creo, que el Google de entonces o los sistemas que le sucedan.

Sevilla, enero 2016.

LOS REGALOS DEL SUPERMERCADO

No sé si a ustedes les pasa lo mismo, pero el supermercado de mi barrio obsequia a los clientes habituales con curiosos regalos que comunican al pagar en la caja. Por ser cliente.

¿Solo por eso? Bueno, por eso solo no. Para llegar a los regalos tienes que haber cometido la gilipollez, con perdón, aunque está en el DRAE, de haber rellenado un cuestionario para clientes en un momento de anulación o debilidad del entendimiento y de la propia voluntad. Es decir, hablando mal y pronto, haber cometido un error de inexperto en esto de las ofertas. Como resultado del descuido, te dan una tarjeta que te pasan por la caja cada vez que vas a pagar, y allí mismo, sin esperar a más, te dicen lo que te ha salido. En realidad, lo que te toca son descuentos no demasiado importantes en la compra de determinados productos. Nunca en los que estás comprando y pagando en ese momento.

Puedo decir que soy especialmente agraciado por la fortuna en este asunto y que siempre que me piden la tarjeta la doy, lo que implica contumacia por mi parte. A cambio, me suelen dar unos papelitos con el resultado y allí mismo puedo calibrar el alcance de mi suerte, para la próxima vez.

Voy a poner algunos ejemplos de lo que hablo. Ahora mismo tengo reunidos los siguientes "premios" (advierto que he cambiado el nombre de la marca para no hacer publicidad encubierta y gratuita):

- Fijadores para el pelo. Me queda poco, la verdad.
- Cajas de patatas fritas de la marca "Trinques". Una delicia para el cuerpo humano. Hay gente capaz de matar por este producto. Tienen merecida fama de ser casi venenosas.
- Galletas minis de diversas marcas, tanto monta monta tanto. Imprescindibles para una desequilibrada alimentación.
- Botellas, de litro y medio como mínimo, de "la chispa de la vida" y su sistema planetario de brebajes. En verdad, el "Soma" del que nos hablaba Orwell en 1984.
- Quesos rallados de marca "la Mansión". Esto todavía tiene un pase, por ser del país, pero tengo intolerancia a la lactosa.
- Mini pizzas de la marca "Butrón". Otro producto que, en un momento de apuro, te puede resolver una comida, con el premio añadido de una buena indigestión.
- Mejillones en escabeche. Una delicatesen, sin duda.
- Perritos calientes para calentar tú mismo. Capaces de fundamentar un imperio económico y social.
- …

Como puede apreciar el lector, se trata de productos de los que ¡normalmente! nos surtimos para nuestra vida cotidiana. Es decir, cosas imprescindibles de verdad. Aunque también es cierto que estos productos, si los consumes para "aprovechar" las ofertas, te pueden conducir en un plazo no muy largo a un estado carencial o a una enfermedad degenerativa de difícil curación.

Pero la oferta de la suerte no solamente dispone de esta gama de productos. También aparecen con cierta frecuencia géneros más normales, como carne o pescado, con las especificaciones que comento.

En el caso de la carne, si compras pollo o pavo, eso no siempre vale, solo a veces. Por razones desconocidas, en principio los pollos y los pavos están excluidos del concepto carne. Tampoco pueden ser otros productos de recova, como huevos.

Si es otro tipo de carne, como cerdo, res o cordero, las cantidades mínimas para percibir premio son generosas: de un kilo para arriba.

La cosa funciona así: si has comprado un producto de recova, lo normal es que al pasar por la caja te saldrá el papelito de carnecarne y, al contrario, si has comprado "carne de verdad", te saldrá un descuento para recova, así que ¡mala suerte señor!, otro día será.

Se me olvidaba añadir que el premio suele consistir, con frecuencia, en un descuento aplicado a algunos productos, con una cantidad máxima de deducción por producto, que por lo general es baja, pero oye… menos da una piedra.

Respecto al pescado, las variedades que llevan premio son, por supuesto, las de "alta gama", como el salmón o el rodaballo y, naturalmente, se cumple siempre la hábil norma de que nunca te sale el descuento cuando has comprado precisamente ese producto ¡Unos genios los informáticos que han diseñado estas aplicaciones que tratan de ordenar la fortuna, para igualar a todos los usuarios!

Bien, pues estos regalos pueden llegar a crear adicción. He visto a clientes con auténticas colecciones de papelillos evacuando consultas antes de entrar a comprar. Otros, mirando esa base de datos "*papelífera*" antes de añadir algún producto a la cesta para adecuar sus compras a la suerte o, dicho en *roman paladín*, haciendo de la necesidad virtud. Incluso llego a más, he visto a clientes intercambiando papelillos de estos a la entrada del establecimiento, como si se tratase de auténticos coleccionistas en un mercadillo dominguero filatélico o numismático.

Hay algunas variaciones internacionales en este asunto. En Portugal acudimos a un supermercado que tiene implantado un sistema similar. En el caso luso, la prioridad, los descuentos máximos, sin que sepamos porqué, aunque sospechamos que es por razones salutíferas (los portugueses siempre con determinaciones republicanas) corresponden a las latas de atún. La consecuencia es que tenemos una buena provisión en casa de Omega 3, para aprovechar los descuentos.

No quiero cansar más al lector con este asunto. Creo que lo mejor es ir directamente a la conclusión. En ese sentido, me atrevería a decir que en el fondo de este pintoresco asunto hay una cuestión central de nuestras sociedades. Se trataría de definir las necesidades sociales y luego aplicarles un método riguroso para su resolución de forma organizada. En el caso que nos ocupa los gestores del supermercado han afrontado cuestiones como ¿Qué comprar? ¿Qué consumir? ¿Qué le interesa al cliente? Y también a la empresa como supermercado, vamos... Han dado solución a estas preguntas mediante un sistema pauloviano de premios perfectamente organizados, para articular de forma armoniosa necesidades y respuestas de consumidores, considerando siempre claro está, los intereses de la firma, en el marco de un "consumo ordenado".

¿Quién mejor que tu propio supermercado para orientar tus compras alimenticias? Luego... ¡consultemos nuestros papelillos antes de seleccionar los productos adecuados!

Sevilla, enero 2016.

PD. Esta broma debe terminar indicando que, según mis observaciones antropológicas supermercadianas, muchos de los clientes rechazan este tipo de promociones y el consecuente lío de ir guardando papelillos.

LA INDIGNACIÓN

Se llame como se llame o la llamen ustedes como quieran, el caso es que la rabia, indignación, cólera, irritación, —los catalanes la llaman *rauxa*, *amorruaren* se dice en vasco, *a carraxe* en gallego, a *raiva* en portugués—, es un sentimiento muy extendido en nuestra sociedad. Afecta a un gran número de ciudadanos, de muy variada condición y, en casi todos los casos, va dirigida en una misma dirección, fácil de imaginar.

La gran crisis iniciada en 2008 y que parece no acabar, ha conducido a mucha gente a una situación personal muy mala: sin trabajo, en no pocos casos sin haber podido formar hogar o habiéndolo perdido, sin actividad, sin ingresos, habiendo tenido que abandonar su tierra para probar fortuna en ambientes extraños, sin apoyo social, sostenidos en el mejor de los casos por la red familiar... Las consecuencias de una crisis económica son terribles siempre y muchas personas quedan sumidas en un estado de abandono respecto a todas sus expectativas vitales. Esto ha ocurrido esencialmente en la clase trabajadora, pero también en las capas medias.

En nuestro país, al golpe del abandono se ha sumado otro asunto igual de tenebroso. El expolio social y el saqueo económico que hemos sufrido en los últimos diez o quince años, del que cada día conocemos nuevos episodios, ha generado una gran indignación. La rabia no es solo, por tanto, una respuesta justificada de sobra ante la injusticia que supone la pérdida de oportunidades. En nuestro caso, ha surgido también y diría que, sobre todo, por el estupor que nos ha producido ver que aquellos que deberían tratar de solucionar la situación, se hayan dedicado, a sacar provecho, económico sobre todo, para sí mismos o para sus amigos. Demasiados de nuestros próceres han practicado, con una inusitada dedicación, el saqueo de las arcas públicas y privadas. Han robado, con múltiples excusas, el dinero que ahora vemos que podría haberse destinado a financiar remedios que hubieran ayudado a paliar la mala situación económica. Además de privatizar, hacia las empresas de sus pares (compinches), servicios públicos básicos como la sanidad o los servicios sociales, se han beneficiado, todo lo que han podido, de las inversiones públicas. Amañando concursos, cuando las cuantías se prestaban a un buen negocio contra el erario público, mediante las adjudicaciones "digitales", muy practicadas además, cobrando comisiones o autorizando incrementos presupuestarios, en no pocos casos participando directa o indirectamente en el aumento... En fin, utilizando técnicas diversas, puestas en evidencia en las investigaciones policiales, los corruptos han desviado de su finalidad legal cantidades ingentes de dinero (la CNMC señaló en 2015 que el monto de la corrupción, hasta esa fecha, era de 48.000 millones de euros anuales, el equivalente al 4,5% del PIB; esta estimación ha podido aumentar desde entonces, a tenor de las nuevas y continuas revelaciones). Esas cantidades se han dirigido a cuentas corrientes particulares, con frecuencia pasando por las organizaciones políticas o al revés. Una parte significativa de los pingües beneficios obtenidos, además, han emigrado a paraísos fiscales inaccesibles para la Justicia. Otra vergüenza más. Todos los días salen nuevos datos.

Cada vez que se sacaba del ámbito público alguna competencia, sea de la sanidad, de la educación, del transporte o de la recogida y el tratamiento de basuras, por poner ejemplos variados, se hacía no porque hubiera desaparecido esa necesidad, sino para "mejorar" su gestión que, además, era susceptible de negocio en el sector privado.

Siempre con la ayuda del dinero público, para no correr riesgos empresariales innecesarios.

Pero también ha habido casos en los que el negocio político y económico era crear empresas públicas para entregarles las competencias y funciones que hasta ese momento ejercía bien la propia Administración. Se argumentaba que así se mejoraría la gestión y se abarataría el coste de la misma. Nada de eso sucedió y se creó así otra plataforma de contratación de afines y un portillo para el desagüe del dinero público. Todos conocemos casos de empresas o agencias que han crecido de forma exponencial en sus efectivos, mientras se congelaba o reducía el volumen de su gestión.

Para desgracia de los responsables individuales o institucionales de los saqueos, esta es una sociedad cada vez más informada y con una alta capacidad de organizarse ¡Alguna ventaja debía traer la globalización!

A medida que se iban conociendo los desafueros, se fueron produciendo actos de protesta. Al principio, tal vez individuales, pero pronto se fue generando un rechazo que terminó por manifestarse de forma organizada y sistemática en las redes, con frecuencia con el apoyo de los medios. A la postre estallaría un principio de rebelión, cada vez más amplia, contra el expolio, la opacidad y el mal gobierno.

Una reflexión de un conocido pensador oriental dice: *Donde hay opresión, surge la resistencia y esta termina por organizarse*. Podría decirse lo mismo respecto al rechazo de la corrupción. Creo que esto es lo que ha pasado, la indignación ha dado paso a los movimientos de protesta, de creciente participación y estos, a su vez, han conducido a la creación de movimientos políticos, de nuevo cuño, enfrentados a este estado de cosas, intentando definir programas para tratar de acabar con las causas del expolio nacional. En las sucesivas elecciones estos movimientos políticos, con la forma ya de partidos, han ido creciendo, formalizando mejor sus programas, ganando adeptos y conquistando votos, a veces de forma exponencial, a medida que se celebraban nuevas convocatorias electorales. Hoy, estas nuevas fuerzas, representativas de la juventud orillada, la indignación ciudadana, la protesta contra los diversos timos económicos, el desamparo laboral y social y, sobre todo, el deseo de cambio, pese a su evidente bisoñez, gobiernan ayuntamientos, son fuerzas imprescindibles en las comunidades autónomas y tienen una gran representación a nivel del Estado ¡Cómo será el estado de la cuestión, que hasta en la derecha, principal pero no única beneficiaria del saqueo, han surgido esos movimientos de renovación, abochornados por el espectáculo de sus mayores!

El resultado de esta indignación organizada nos ha llevado a una situación en la que parece posible cambiar, por la vía electoral, las condiciones que han favorecido esta degeneración a gran escala de la gobernanza de la cosa pública o semipública. Ahora bien, ¿qué cambiar? Hay un punto sobre el que debería de haber consenso: no pueden seguir gobernando, en ningún ámbito, aquellas personas vinculadas a delitos probados en calidad de ejecutores, cómplices o facilitadores. Sobre esto ya nos irán diciendo los tribunales. Sin que valga, para eludir responsabilidades, la argucia del aforamiento (otra vergüenza nacional) mediante la ocupación de puestos en los órganos parlamentarios, que debemos rechazar por todos los medios. Tampoco vale que sigan quienes les nombraron y ampararon, en el nivel de sus partidos o de la Administración Pública.

Hay que admitir que los delitos cometidos han sido posibles por un estado de cosas muy favorable. Primero, la circunstancia de efervescencia económica que ha permitido a los poderosos (los que nos han gobernado) manejar a su antojo la legalidad o la ilegalidad y apropiarse de mucho dinero, haciendo grandes y opacos negocios. Esta circunstancia, las diversas burbujas, que la crisis ha recolocado en su sitio, no hay duda que ha favorecido los excesos.

En segundo lugar, el acceso al poder, durante los últimos quince o veinte años, de personas de toda condición, entre ellos un contingente muy significativo de pícaros, esperando su oportunidad de hacer caja. Las instituciones han controlado poco a quienes accedían a las mismas. O lo que es peor si cabe, el procedimiento de cooptación ha alcanzado una extensión insospechada. Se ha dejado de lado la exigencia de formación, conocimiento, mérito y honradez probada. Han primado sobre cualquier condición la lealtad a los jefes y la pertenencia a los aparatos. En muchos casos, este ha sido el único mérito. No pocas veces, ha bastado como cualidad el bachiller en pillería, obtenido en los aparatos de los partidos. Además, cerrando el círculo, esas personas han accedido, por lo general, a esos puestos de responsabilidad mediante procedimientos opacos o dirigidos. Se ha designado, con estas maquinaciones, a auténticos incompetentes para puestos que deberían haber exigido, honradez, buena preparación y alto conocimiento de las materias objeto de gestión. Se han situado de esta forma, como representantes del país, como supuestos líderes, a conspicuos mediocres, o a pertinaces "apandadores", con lo que eso tiene de mal ejemplo. Como los resultados públicos han sido tan patéticos, se ha dañado, tal vez de forma irreparable, lo que podríamos llamar la moral de la Política. Y ese daño, en un país con tan escasa tradición democrática como el nuestro, puede ser un serio obstáculo para tratar de avanzar y reconstruir la sociedad y la economía. Deshacernos de este "legado" nos va a costar mucho esfuerzo y tiempo.

En tercer lugar, los partidos políticos actuales, y también las organizaciones empresariales y sindicales, tienen una gran responsabilidad. Han utilizado recursos económicos, "evadidos" de sus finalidades legales, para financiar su funcionamiento normal o excepcional en las campañas y para abonar sobresueldos o sobre sueldos a sus miembros. Estos, además, han gozado de otras prebendas: coches, viviendas, tarjetas de crédito, acceso a puestos de trabajo de alto nivel, planes de pensiones "de lujo", vacaciones de ensueño…

No excluyo de esta responsabilidad a las entidades financieras, especialmente a sus todopoderosos dirigentes que, además de participar en el expolio, en algunos casos directamente con retribuciones dignas de sátrapas, por lo general han mirado para otro lado, eludiendo sus responsabilidades sobre los asuntos económicos públicos y privados.

La descripción de las probables causas de esta situación de pillería, robo, dispendio y abandono de los principios éticos públicos, podría alargarse mucho más. No lo creo necesario. Bastaría con decir que hoy en día, en nuestro país, cada vez más, en el habla coloquial, un político (en sentido genérico, persona que tiene un puesto de responsabilidad en alguna organización pública) es sinónimo de corrupto, de persona de poco fiar, ofreciéndose así, una versión modernizada de los antiguos bellacos y villanos de nuestra literatura clásica.

Hasta aquí este rápido retrato de nuestros males sociales más visibles. Pero antes decía que la situación ahora parece diferente. Por decirlo en palabras actuales, en las últimas elecciones muchos españoles han apostado claramente por el cambio. En las próximas va a suceder lo mismo, a pesar del miedo que aún suscitan los cambios. No saben cómo hacerlo, pero quieren ver cambiar muchas cosas: que desaparezcan de la vida pública personas poderosas que nos inspiran recelos, que vayan a la cárcel quienes hayan robado, devolviendo además lo hurtado, claro está, que se ponga freno al sufrimiento de los más humildes… En fin, que se haga otra política por otras personas, que se proteja de verdad al país de los asaltos económicos de fuera, que se creen otros cauces para satisfacer necesidades reales en materia de educación, sanidad, asistencia social, trabajo, impuestos… Que se proceda a renovar a fondo la actual clase política y que se empiece a hacer una política al servicio de la gente. Yo diría, arrimando el ascua a mi sardina, que se trate de recuperar la perdida moral de la Política.

Estos cambios no serán fáciles. Ya se está viendo. Pese a los numerosísimos ejemplos de corrupción, la gente, mucha gente, sigue votando a partidos que tienen de forma visible en sus filas a personas acusadas o imputadas de corrupción probada hasta la médula. Es como si siguiera existiendo un gen en muchos españoles, de "obediencia debida a la autoridad", aunque ésta sea delincuente, algo que les impeliera a votar a todo aquel que manifieste en su programa la necesidad de un orden riguroso para que el país funcione. El miedo al supuesto caos que traerían los cambios, según dicen los que "mandan", señuelo a agitar con habilidad en tiempos de tribulación, no es un asunto menor a la hora de animar a votar por la continuidad de lo que hay. Bromas aparte, es evidente que no tenemos una tradición democrática consolidada que nos permita tener nuestro propio criterio y enviar a su casa a los malos políticos. Habrá que esperar más tiempo para eso.

Estamos al principio del cambio y en esa situación, los enemigos de cualquier mudanza son abundantes y además poderosos. Situados en cualquier instancia: gobierno, administración, parlamento, judicatura, instituciones económicas, medios de comunicación, iglesia… ejercen su labor de freno al cambio y de mantenimiento de las ideas del pasado y de la impunidad de los suyos. Es decir, el mantenimiento del *statu quo*. Pero el proceso ha comenzado. Creo que este año y los siguientes serán decisivos. La pugna política y el debate social se extenderán por toda la sociedad. Además, en el marco de una crisis económica que presumiblemente rematará el cambio del modelo y que seguirá haciendo sufrir a mucha gente. Habrá que tener el ánimo tranquilo y el pulso firme para mantener, aun con cierta tolerancia, las ideas y, sobre todo, las prácticas políticas que puedan conducir a ese cambio que dé satisfacción a las esperanzas manifestadas por los ciudadanos. Hay que saber ceder en lo accidental para salvar lo fundamental. El camino va a ser largo y es necesario tener perseverancia y un poco de paciencia. Los acontecimientos externos que ya se vislumbran pueden influir.

Sevilla, enero 2016.

Desorden y corrupción

I ba pensando en el desorden existente en la sociedad; para él, algo excesivo. *Estoy convencido de que este hecho está en el origen de la corrupción omnipresente. Hay que hacer algo para cambiar este estado de cosas o va a terminar con todos nosotros. Tenemos que unirnos todos y luchar contra el desorden, si queremos cambiar de verdad la práctica social y política. De esta forma, nos enfrentaremos con eficacia a la corrupción. Los preceptos morales, la verdad es que sirven de poco. Si nos juramentáramos contra el desorden, acabaríamos con tantos ladrones que perciben el caos y saben que ese es su mejor territorio de caza. Las piezas de esa caza somos todos los ciudadanos o mejor dicho nuestros posibles, lo que hemos logrado ahorrar a base de mucho esfuerzo. Las reservas de toda la vida, provenientes de muchas privaciones que nos hemos impuesto. El colmo de esto, es que además nos roban, aprovechando el desorden, desde los puestos directivos de la propia Administración Pública ¡Malditos ladrones!*

Insisto, hay que hacer algo contra este estado de cosas, pero sin perder de vista que el caos, la desorganización total, está en la base de muchos de los delitos que ahora tenemos. Después de mucho pensarlo he decidido que hoy mismo voy a empezar mi lucha personal contra todo esto. Espero que mi ejemplo sirva para los demás y que entre todos pongamos en marcha un movimiento general para cambiar las cosas, para poner orden. Y así eliminar tantos desafueros.

Pensaba eso en el transporte público que le conducía a su trabajo. Le hubiera gustado hacer partícipes de sus ideas a sus compañeros de viaje. Y sobre todo convencerles de la necesidad de poner en marcha una reacción. Pero, teniendo en cuenta que era tímido, que no le gustaba expresarse en público y que los demás, a esa hora, iban dormidos, se abstuvo de hacerlo.

Al llegar a su puesto de trabajo en el Ministerio aquel, y antes de dar comienzo a su labor rehabilitadora social, se tomó un respiro para la reflexión, un tiempo para esclarecer el *¿Qué hacer?* Tras largos minutos de meditación, se dijo a sí mismo: *en este momento empiezo la lucha para cambiar este inútil, despilfarrador e injusto modelo social.*

¿Por dónde empezar? Armado ya de la determinación de trabajar para cambiar las cosas, la respuesta surgió casi automática: muchos papeles y muy desordenados cubrían su mesa a lo largo y ancho, mejor dicho, a lo largo, ancho y alto. *No hay forma de ordenar las ideas y tomar decisiones si no se ordenan antes los papeles*, se dijo a sí mismo, como frase lapidaria, digno lema inicial del movimiento, capaz de orientar e impulsar un proceso de cambio universal.

Empezó a juntar todos los papeles en un único montón que llegaba casi hasta el techo. Luego continuó agrupándolos por tamaño, tema, fecha, importancia, color… y otras variables propias sólo de los arcanos de la Administración Pública. Al final, consiguió establecer un principio de orden en aquel caos papelero. El resultado empezaba a ser satisfactorio para él, aunque a su alrededor todo seguía igual, por ahora.

Fue una labor que le llevó toda la mañana, por completo. Nada de bajar a "desayunar" o ir a tomar un cafelito a la máquina del final del pasillo. La revolución, y sobre todo en unos momentos tan solitarios e iniciales, debe ocupar todo el pensamiento, la dedicación y el tiempo de sus actores. Es un sacrificio imprescindible.

Todo para la obligación, nada para la devoción, si se quiere dar ejemplo y marcar el rumbo del cambio.

Sus compañeros, al principio, no se percataron del gran cambio que se estaba originando allí mismo. No eran conscientes de que ante sus narices se alumbraba el porvenir. Pero, ya al final de la mañana, empezaron a fijarse y a preguntarse por el objetivo de esa actividad tan frenética. Aquel compañero, por lo general, era una persona tranquila, poco dada a excesos de cualquier tipo y desde luego "apacible" por completo en el trabajo.

No pudiendo resistir la curiosidad uno de sus colegas se acercó a su puesto de trabajo y le preguntó:

—*¿Pero, qué haces Fulano? ¿Qué te pasa? ¿Te han dicho algo los del archivo o así?*

—*No. Es otra cosa.*

—*¿De qué se trata entonces?*

—*Pues que he decidido empezar una batalla, no, mejor, una guerra personal contra la desorganización. Pues estoy convencido de que esta es la base de la corrupción que vivimos. Esa batalla consiste en hacer lo que yo puedo hacer, desde el humilde trabajo que tengo. Voy a poner en orden los papeles que se amontonan en mi mesa y que son una prueba, en su escala más inferior, de la desorganización que vivimos y contra la que tenemos que luchar. Porque estoy convencido, insisto, que la desorganización que permitimos es la madre de la corrupción política y social que vivimos. Si todos nos dedicamos a poner orden, primero en nuestros papeles y después en nuestras cosas, estoy seguro que cundiría el ejemplo y que, a partir de él, generaríamos un movimiento que se extendería a todo el país. Cuando la gente haya puesto en orden sus papeles empezarán a pensar en poner en orden otras cosas de la vida política y social. Los corruptos habrán perdido la base de su actuación, que les asegura la impunidad, que es el desorden y el caos reinantes. Estoy persuadido, insisto, que de esta forma conseguiremos cambiar al país. Aunque el origen sea humilde, si cunde el ejemplo, el resultado será grandioso ¡Ya lo veréis!*

A su interlocutor se habían ido uniendo el resto de los compañeros y compañeras, congregados por el discurso, escuchando en silencio el alegato. Nadie se atrevía a decir nada, chocados por la exposición de nuestro campeador. Por fin, una colega se atrevió a decir algo:

—*¡Jó, que bueno, tú! ¿Dónde lo has leído? ¿En Facebook o en Twitter? Pásamelo porfa, que se lo voy a enviar a todos mis amigos. Seguro que lo hacemos trending topic entre hoy y mañana ¡Qué original!*

Granada, 2 de febrero de 2016, el día de la 1ª Investidura fallida.

HIPOCONDRÍACO

*Homenaje sencillo a Jean-Baptiste Poquelin, llamado Molière,
por su "Enfermo imaginario"*

Todos sabemos lo que es un hipocondríaco. Una persona que imagina que tiene dolencias que según los médicos no tiene, pero que con mucha frecuencia muchas veces, se manifiesta y actúa como si las tuviera. Para este tipo de persona, cualquier manifestación física, por muy ligera que sea, es el indicio de alguna dolencia, por lo general seria y, en muchos casos, según su criterio, mortal de necesidad. Cambian con frecuencia de dolencia según lo que oigan o lean. Asumen cualquier síntoma con una pasmosa facilidad. En mi opinión, por lo general, suelen vivir muchos años, cultivando sus múltiples y variables enfermedades. En palabras del lenguaje popular, pueden llegar a enterrar a muchos de los sanos que les rodean.

El personaje de esta historia era un virtuoso de la hipocondría. Llegaba hasta extremos difíciles de imaginar. Vivía para sus enfermedades, sólo se relacionaba con ellas. Sus únicos amigos o amigas eran sus dolencias, con las que mantenía una relación casi amorosa. Se enamoraba de alguna, se desenamoraba, rompía la relación, entablaba nuevos contactos… era muy voluble y poco fiel a sus males, los cambiaba con frecuencia; si bien, también tenía sus obsesiones, es decir, algunos patrones repetitivos. Lo importante para él era conocer nuevos horizontes en este campo de las enfermedades imaginadas. Como buen hipocondríaco, mantenía relaciones con varias dolencias al mismo tiempo, cuanto más raras o más graves, mejor. Eso le daba seguridad y también autoridad en determinados círculos, pues llegó a obtener y manejar mucha información. Se ganó una gran reputación en la Orden de los Hipocondríacos, por la cantidad inconmensurable de síntomas que consiguió recopilar y manejar como un perito. Casi podíamos decir que era Gran Maestre de esa Orden por sus reconocidos méritos. En esa Secta se le escuchaba con reverencia, pues poseía un vademécum infinito de indicios que, además, para aumentar el tesauro, solía intercambiar con otros colegas.

Sus enfermedades eran evolutivas, en la medida que se les iban añadiendo síntomas diversos, perfeccionando siempre el estado de la cuestión. Según escuchaba o leía, sobre todo esto último, ¡ay Internet que daño hace a veces! iba compilando las sintomatologías hasta hacer irreconocible la dolencia con síndromes múltiples, pintorescos e, incluso, extravagantes.

Realmente, era un personaje solitario. Nadie aguantaba sus doctísimas explicaciones sobre sus múltiples, extrañas y cambiantes enfermedades. Una monserga difícil de soportar. Su familia le tenía expresamente prohibido hablar de enfermedades en casa, en el trabajo nadie le hacía caso y los amigos, lejanos ya en el tiempo, no le escuchaban. Su propia mujer había estado a punto de separarse cuando la hipocondría alcanzó un nivel de desarrollo que hacía la vida en común muy azarosa. Sus hijos, ya mayores en la época de este relato, habían terminado por tirar la toalla o casi, aunque seguían en la distancia, junto con la madre, la evolución de las manías del padre.

Pero, a pesar de todo esto, no era un ser antisocial. Lo que pasaba era, como ya he dicho, que nadie le aguantaba. Le sucedía lo mismo que al Bernardo aquel de "Malditos alienígenas" y es que, teniendo tema, no encontraba, entre sus conocidos, interlocutores con los que debatir y tenía que buscarlos en otros lugares. Nuestro hombre, investigando la posibilidad de tener su nicho social propio, había dado con un escenario favorable. Allí donde tuviera que congregarse gente para adquirir algo, pagar alguna factura, atender pacientemente a que les prestaran algún servicio, esperar algún medio de locomoción, o motivos similares, allí se presentaba nuestro hombre para comentar sobre sus enfermedades. La verdad es que es un tema de conversación muy socorrido y el intercambio estaba asegurado. Él lanzaba la cuestión, la gente se explayaba comentando sus enfermedades, él conseguía información y luego entraba a saco con la sintomatología que aplicaba a cualquier dolencia que alguien había contado que tenía. Incluso en estos esporádicos encuentros, asustaba al público con una cascada de información tal, que causaba pavor entre sus interlocutores. A los síntomas que los otros expresaban, añadía campanas de su propia cosecha, alarmando aún más a los "asistentes". Utilizaba el "lenguaje del pueblo", palabras sencillas y directas. Siempre síntomas concretos, nada de circunloquios. Además, suministraba datos inventados, que siempre afectaban a un supuesto familiar, compañero de trabajo o conocido. El caso era fundamentar, con ejemplos concretos, aquellas elucubraciones de sala de espera. No una ni dos veces, algunos de sus interlocutores habían adquirido conciencia del alcance real de sus dolencias y habían forjado el propósito de acudir de inmediato a urgencias; el afectado o afectada, en muchos casos, lo hacía nada más salir de aquel sitio e, incluso, abandonaba la sala antes y huía con el corazón, el estómago, el hígado, el cerebro o el órgano que fuera, a veces varios, encogidos por el miedo, hacia el hospital más próximo.

Preguntarán ustedes, ¿pero nunca nadie de su entorno trató de enviarle al psiquiatra, psicólogo o curador de mentes? Pues sí. Lo había intentado mucha gente en su familia. La primera, su propia mujer, en su trabajo (incluso una vez un representante sindical), entre sus amigos… Pero el hipocondríaco había manifestado una resistencia invencible a eliminar sus demonios. Siguiendo un poco a Rilke, tan citado en este libro, pensaba que sobre los ángeles y demonios propios no manda nadie sino uno mismo. Por tanto, hacía ya tiempo que nadie intentaba ayudarle y como su dolencia era aparentemente pacífica, las autoridades tampoco habían podido actuar.

Como hipocondríaco "profesional", no gustaba de visitar las consultas de los médicos. Sabía que allí podían terminar sus síntomas imaginados. Él era su propio galeno, se auto-diagnosticaba y se ponía el tratamiento, pasando a continuación por la farmacia. Su vademécum personal incluía remedios diversos, los más baratos posibles, era hipocondríaco, pero no era tonto, y siempre que se pudieran adquirir sin receta médica. Las mezclas de medicamentos que tomaba eran perjudiciales para su verdadera salud, la que tenía y no la que manifestaba tener. En más de una ocasión, el cóctel que se administraba le había conducido, en ambulancia ululante, cosa de la que gustaba, hasta el Hospital General de su localidad. Allí solía confundir a los médicos. La sintomatología alegada no correspondía a los datos reales que arrojaban las analíticas. Descubierta la farsa, solían darle de alta, advirtiéndole que abandonara la mala práctica de la automedicación. Él sonreía ante estas exhortaciones y en su desvarío pensaba que la automedicación es el único remedio que tienen los ciudadanos para ser libres y defenderse de los poderosos que les oprimen, en este caso la clase médica, adjudicándoles oscuras afecciones.

Total, que con su pertinaz comportamiento había trazado el camino hacia la presumible e irreparable desgracia última. Como sucede tantas veces con mucha gente, era la crónica de un final anunciado. Habida cuenta del empecinamiento, ese final era inevitable, pero nuestro personaje llegó a él con una gran dignidad y demostrando por qué era un virtuoso en lo suyo.

Cuando se sintió realmente mal e intuyó lo que se avecinaba, lo comunicó a su mujer e hijos, quienes pensaron que una vez más se trataba de una aprensión rutinaria y no le hicieron mucho caso. Nuestro hombre siguió su propia "hoja de ruta". Empezó esta vez por acudir a su médico de cabecera, quien, ante la evidente gravedad que percibió, requirió una ambulancia para trasladarle a las urgencias del Hospital General. Los médicos de este servicio, sus antiguos conocidos, esta vez pudieron comprobar que los estados de la salud imaginada y de la salud real se aproximaban mucho, diríamos que estaba demasiado cerca lo expresado por el paciente de lo diagnosticado por el experto. Le detectaron un conjunto de probables dolencias muy graves, la mayoría en fase terminal. Llamaron a su familia, que acudió reticente, podía ser una falsa alarma una vez más. Pero esta era la definitiva. Pese a ello, los médicos no fueron capaces de elaborar un diagnóstico único, sino varios. A pesar de su estado, aún tuvo arrestos para discutir con ellos los síntomas, las enfermedades y sus posibles remedios, aunque en su opinión, estos eran ya inexistentes por tardíos. Aquel hombre se moría por la paciente labor de autodestrucción, sistemática y minuciosa, desarrollada durante décadas. Visto desde este momento último, todo parecía responder a un plan, concebido hacía mucho tiempo, para acabar con él al cabo de los años. Nada se pudo hacer, casi ni cuidados paliativos, y en pocos días pasó a cumplir los principios de la Ley de le Entropía que, tal vez sin saberlo, él tanto se había esforzado por acatar a lo largo de su vida. Había triunfado contra todas las opresiones, pero al hacerlo, había alcanzado la destrucción. Esta es, quizás, la única salida para quien quiere resolver en solitario, con absoluta autonomía, el problema de la salud.

Olivenza, abril 2016.

EPÍLOGO AL RELATO ¡FOTOS NO!

(Publicado en el libro "El caso Botsuana")

Muchas cosas han cambiado en la iglesia a la que se refería el relato citado. Ahora, ya puedo decir que se trata de la Iglesia de la Misericordia, en el casco histórico de Tavira, en el Algarve portugués.

La iglesia fue restaurada, como ya comenté en su día, pero la prohibición de sacar fotos a los bellísimos azulejos permaneció por obra y gracia del empecinamiento del personaje protagonista de aquel relato.

Sin embargo, pasado un tiempo, los hechos cambiaron radicalmente. Vean si no.

Paseando por las calles de Tavira, práctica casi semanal, pasamos junto a la iglesia de San Pedro Gonçalves Telmo, también conocida como iglesia de Nuestra Señora de las Olas, por ser de gran advocación marinera. Nunca habíamos podido verla por dentro, pues permanecía invariablemente cerrada por causa de unas largas obras de restauración que "sufría" de forma casi permanente. Pues bien, en la puerta de la iglesia, que esta vez estaba abierta, vimos a nuestro viejo conocido, que nos invitaba con gestos evidentes a visitar el interior. Le saludamos. Nos reconoció, no sé si como asistentes a los conciertos de la otra iglesia o como infractores fotógrafos de los hermosos interiores de la misma; probablemente, más por esto último.

Entramos y pudimos comprobar que se trataba de un tesoro oculto, ahora mostrado al público. Y además ¡oh sorpresa! logramos fotografiarla sin tasa. Esta vez no sólo no lo prohibió, sino que tuve la impresión de que nos animaba a tirar placas. Intrigados, le preguntamos por qué él ya no estaba en la otra iglesia. Nos dijo:

—*Es que aquella iglesia no es municipal y esta sí (sic).*

¿Iglesia municipal? Debe ser por el conocido carácter laico de la administración portuguesa. El ser una República tiene estas cosas, digo yo...

¿Y qué pasó en la otra iglesia después de la desaparición de este personaje? Lo pudimos comprobar un sábado por la tarde que decidimos asistir a un concierto de acordeón, instrumento muy popular en el Algarve. Fuimos para allá temiendo encontrarnos a este personaje con sus atributos iconoclastas o a otro de similares convicciones, pero nada de eso sucedió. Por el contrario, unas señoras muy amables, encargadas de gestionar el acto, nos dijeron que podíamos fotografiar los fantásticos azulejos interiores, con la única condición, innecesario recordarlo a un fotógrafo, de no usar el flash. Así lo hicimos, documentando gráficamente los interiores de la iglesia de la Misericordia, tal vez los mejores de Tavira. Después escuchamos con atención casi religiosa, el concierto de acordeón de un joven maestro del Conservatorio, que nos deleitó con su programa, un claro homenaje a Astor Piazzola, con un *corridinho algarvío* final incluido.

Concluyendo, aconsejo a todos aquellos que tengan la fortuna de visitar Tavira, que hagan por ver los interiores de estas dos iglesias. No es fácil, pues, en general, en Portugal muchas iglesias permanecen cerradas, si no es por causa de algún oficio o acto cultural como el indicado. Pese a ello, merece la pena intentarlo. Incluso por fuera son hermosas.

Tavira, abril 2016.

LOS HERMANAMIENTOS

Me refiero a esa costumbre muy extendida de hermanar ciudades, es decir, de establecer de forma expresa especiales lazos comunes entre ciudades. Estos hermanamientos se formalizan mediante actos solemnes. En ellos, las ciudades manifiestan los vínculos de relación que mantienen entre sí por razones históricas, culturales, geográficas y, en ocasiones, inaprensibles, como contaré más adelante.

Sevilla, la ciudad donde vivo parte del año, está hermanada con otras dieciséis y no creo que sea un récord, seguro que hay otras con muchos más hermanamientos. Madrid lo está con cerca de cuarenta. Tengo entendido que La Habana está hermanada con cerca de cincuenta ciudades. En este caso, es evidente que se buscan apoyos en una situación difícil. He visto incluso el caso de un municipio marroquí hermanado con una ciudad absolutamente desconocida de… Corea (del Sur, claro).

El acto de hermanar se puede hacer extensivo a otros territorios mayores que una ciudad, a saber, provincias, estados o islas. La práctica es tan amplia que hay incluso una Federación Mundial de Ciudades Hermanadas, asociación a la que están acogidas todas las ciudades y otros territorios que han pasado por ese trance. Bajo ese "paraguas" se comunican, reúnen, cuentan sus cuitas, cabildean y toman decisiones sobre sus vínculos.

La pregunta más reiterada sobre estos actos, ya casi institucionales, es si sirven para algo. Es muy difícil responder categóricamente a esta pregunta. No soy un experto, aunque he asistido a algunos. Mi experiencia se refiere al hermanamiento entre varias ciudades. Concretamente, he participado como representante de la Junta de Andalucía en dos casos. El primero fue el que unió entre sí a las ciudades de Tetuán (Marruecos), que es mi ciudad, y Granada. Asistí a los dos actos, muy pintureros, por cierto, uno en Tetuán y otro en Granada. Fueron presididos por dos alcaldes notables. Casualmente, ambos socialistas. Antonio Jara por Granada y Agmed Agzul por Tetuán. Los actos consistieron en la emisión por escrito de promesas formales de afecto y cooperación entre ambas ciudades para apoyarse mutuamente en sus proyectos de profundización de la democracia, extensión de la cultura, con especial referencia a los vínculos comunes (Tetuán fue refundada por andalusíes nazaríes que escapaban de la "Conquista" de Granada) y fomento del desarrollo económico y social. A los encuentros asistieron grupos de empresarios de ambos países que conversaron sobre la posibilidad de formalizar y ejecutar proyectos, de hacer negocios, en beneficio de ambas partes.

Han pasado ya algunos años desde 1988, cuando se firmaron los acuerdos. Si tuviera que juzgar por mi experiencia, diría que me consta que ha habido y hay colaboración entre las dos Universidades, que algunos empresarios granadinos hicieron algunos negocios en Marruecos. Por otra parte, son numerosos los muchachos y muchachas marroquíes que han estudiado y estudian en la Universidad de Granada y el contingente de empresarios marroquíes, pequeños empresarios y autónomos, es evidente en la ciudad de Granada. No hay más que darse una vuelta por la Alcaicería y preguntar. Lo mismo ocurre con trabajadores y artistas, que forman una amplia colonia en la ciudad nazarí.

La verdad es que no estoy en condiciones de afirmar que estos resultados se desprenden directamente de los acuerdos de hermanamiento, aunque tal vez en este caso sí que se activó algo la relación entre las dos ciudades. Granada siempre fue un referente para Tetuán y es evidente que hay vínculos continuos y actuales entre ambas. En ese sentido, el hermanamiento no vino mal. Seguramente, como otras muchas actividades institucionales de este tipo, hay que valorar los resultados en el marco de un proceso largo, complejo y necesitado de análisis.

Del otro caso voy a guardar, por pudor, los nombres de las dos grandes ciudades. Una andaluza y la otra latinoamericana.

En este caso, por mis responsabilidades en materia de Cooperación Internacional, me pidieron que acompañara al alcalde latinoamericano a su visita de cortesía al alcalde andaluz. La entrevista se desarrolló en un ambiente cordial, plagado de tópicos y lugares comunes sobre la Madre Patria y lo mucho que Andalucía había aportado a las naciones americanas. Después de estos *salamaicunes* obligados, el alcalde americano entró en materia. Transcribo de forma aproximada el resto de la entrevista.

—Habíamos pensado proponerle a usted, señor alcalde, que considere la posibilidad de que nuestras dos ciudades sean hermanadas para el futuro ¿Qué le parece?

El alcalde andaluz quedó un poco sorprendido ante la propuesta y miró a sus asesores presentes como diciéndoles con los ojos ¿cómo no me habéis advertido de esto? Pero como tenía tablas, salió del lío.

—Me parece una gran idea, alcalde. La vamos a estudiar con mucho interés.
—Pues si le parece una idea viable, y siempre con la condición de estudiarla más detenidamente, deberíamos ver en nuestras agendas un umbral de fechas posibles para celebrar los encuentros correspondientes. Como el acto

final debe ser solemne y la propuesta ha partido de nosotros, le invito a usted y a una delegación andaluza, de su digna presidencia, a celebrar el primer acto en nuestra ciudad. Serían ustedes nuestros invitados.

—*Muy agradecido alcalde* —dijo el andaluz— *¿Y en torno a que fecha está usted pensando?*

—*A nosotros nos viene bien, si es posible, que sea coincidiendo con las fiestas de la ciudad.*

—*¿Y cuándo son?*

—*Pues, a primeros de diciembre.*

—*Ah, pues podría ser, porque a partir de mediados de diciembre empezamos con los actos de final del ejercicio, fiestas de Navidad, y todo se complica...*

—*Tenemos tiempo para tomar las providencias necesarias. Adoptar nuestros respectivos acuerdos de Cabildo, comunicarlo a nuestras autoridades nacionales, al Buró Internacional...*

—*Me parece bien. Incluso pienso, si básicamente estamos de acuerdo, que podríamos anunciar la voluntad del hermanamiento en la rueda de prensa que vamos a celebrar a continuación de esta reunión.*

—*¡Qué buena idea!* —dijo el alcalde latinoamericano—.

Hacía unos minutos que se había añadido a la reunión el Oficial Mayor de ese Ayuntamiento, auténtica enciclopedia viviente de la ciudad y de la institución. Después de escuchar de qué iba la conversación, se atrevió a decir en voz alta, sin solicitar la palabra:

—*Perdón ¿Están ustedes hablando de hermanar a las dos ciudades?*

El alcalde andaluz, su alcalde, le fulminó con la mirada ¿Cómo osaba interrumpir de esa forma tan abrupta una reunión tan solemne?

—*Pues lo siento mucho, pero ese hermanamiento NO se puede celebrar.*

Gran murmullo de sorpresa y voz del alcalde español:

—*Explíquese usted Fulano ¿Qué está usted diciendo?*

El Oficial Mayor se levantó y dijo:

—Esperen ustedes un momento, si tienen la bondad.

Salió de la sala dejándonos a todos impresionados y expectantes. El alcalde andaluz le dijo a su homónimo latinoamericano que no sabía de qué se trataba, intentando calmar el evidente nerviosismo de su ilustre visitante y el suyo propio. Nueva mirada fulminante a sus asesores, que no sabían dónde meterse.

La espera duró poco, muy poco. Unos escasos minutos.

Apareció de nuevo el funcionario, con un cartapacio, alias AZ, en la mano. Extrajo un documento y mostrándolo a todos, se volvió hacia los alcaldes y dijo solemnemente:

—Las dos ciudades no pueden hermanarse porque ya lo están. Según este documento, firmado por los alcaldes de aquel momento, las ciudades se hermanaron hace ya un tiempo. Está registrado en el Buró Internacional. Vean aquí el sello.

Los alcaldes quedaron anonadados. El andaluz sólo acertó a decir:

—¿De qué época es eso? ¿Quiénes eran los alcaldes?
—Pues de hace más de quince años. Por parte española es Fulano de Tal y por parte americana es Mengánez de Cual.
—El Fulano de Tal fue un alcalde del franquismo —dijo el alcalde andaluz—.
—¿Puedo ver el documento? —dijo el alcalde americano—.

Le fue mostrado mientras repetía en voz alta el nombre de su homónimo de años atrás, pareciendo no recordar al signatario.

—¡Ah sí! Recuerdo a este señor ¡Caramba, como aprovechó el tiempo! Estuvo de alcalde subrogante (suplente) durante dos meses, mientras intervenían quirúrgicamente al alcalde titular en Estados Unidos. Este se incorporó de nuevo poco después y este señor dejó de ejercer como alcalde.

La situación era difícil. Se hizo un silencio significativo en la reunión. Podía casi cortarse con un cuchillo ¡Vaya patinazo!

—*Bueno, y ahora ¿qué hacemos?* —preguntó el alcalde andaluz volviéndose hacia sus asesores, que desviaron la mirada o pusieron cara de azoramiento, prueba evidente de que no tenían respuesta alguna—.

Pero el Oficial Mayor, como buen conocedor de aquellos intríngulis, y manejando bien la situación, vino al rescate:

—*Verán ustedes, creo que les puedo proponer una posible solución. Como han trascurrido ya más de quince años, podría celebrarse una ceremonia de ratificación de los votos de hermanamiento. El Buró Internacional lo permite. Hay muchos casos. Me atrevo a decir que podría ser una ceremonia muy solemne también.*

—*¡Qué buena idea! ¡Claro que sí! Recordaremos a nuestros ciudadanos que la unión, el hermanamiento, continúa y que ha sido tan productivo que debe prorrogarse* —dijo el alcalde americano, cazando al vuelo la sugerencia—.

El alcalde andaluz terció:

—*Efectivamente, es una buena solución. Retomemos las agendas y fijemos la fecha, que luego se complica todo y hay que prever cosas tan importantes como esta (sic).*

Y prosiguieron, con el calendario en la mano, comentando con más brío si cabe los extremos del nuevo acto de ratificación.

El probo Oficial Mayor, que había evitado, como buen funcionario, un grave error político, jurídico y de procedimiento y que había ofrecido una solución alternativa, se retiró con una sonrisa contenida, mirando a la caterva de asesores, sin que casi nadie notara su desaparición. Por su conocimiento y buen hacer había salvado el acto. Probablemente, nadie se lo agradecería nunca. Pero algunos aún nos acordamos de él.

Sevilla, junio 2016.

EL COMEDOR DE CHURROS

La palabra comedor no hace justicia a lo que quiero describir y es que se trata de una persona con una afición firme y decidida, casi una pasión, por degustar este exquisito producto de la cocina española, con el permiso de los árabes, sus importadores históricos. Pues parece probado que los musulmanes, al invadir la Península Ibérica, trajeron este producto que ya se quedó aquí y que incluso saltó a América, donde aún permanece en algunos sitios.

El protagonista de esta historia, al que podíamos llamar Blas, era un decidido partidario de acompañar sus desayunos con este prodigioso manjar. Solía cortejar su café matutino con churros recién hechos. Lo hacía en un bar de su propia calle, no lejos de su hogar. Mientras trabajó, todos los días de fiesta y en sus vacaciones, solía salir a desayunar su ración de churros. Cuando se jubiló ya no encontró razón alguna para no hacerlo a diario. Siempre en el mismo sitio y siguiendo una liturgia muy pautada. Solía ocupar la misma mesa, que tenían reservada para él. Allí se sentaba con el periódico del día, un café con leche y su ración de churros. Ni pocos ni muchos. Los suficientes para alimentarse disfrutando de sabor, textura, olor, color… Era un desayuno que tenía su tempo, alrededor de media hora, y que exigía silencio en el entorno y recogimiento por su parte, la mejor forma de disfrutar del manjar. Ya no tenía ni que pedirlo. Se lo traían a la mesa a poco de llegar y acomodarse. Era inútil interrumpirle, pues Blas entraba en un estado casi catatónico, sin expresión de gesto ni movimiento alguno, fuera de disponer del churro y deglutirlo lentamente, con la mirada fija, perdida diríamos, en el periódico. Probablemente abstraído en pensamientos o recuerdos insondables. Por su actitud podríamos decir que imponía respeto a su alrededor. Cuando terminaba el acto, pagaba la consumición y se iba, despidiéndose de los camareros de una forma casi inaudible.

Y así un día y otro. Durante años. Al principio de su costumbre había más comensales que también pedían y comían los churros, pero con el transcurso del tiempo se fue quedando sólo. Esporádicamente, algún que otro día de fiesta, alguien pedía churros. Pero entre semana sólo él lo hacía.

Un día cualquiera, cuando llegó, no se pudo percatar de cierto revuelo que había entre los camareros. Tampoco pudo darse cuenta de que el movimiento, de evidente nerviosismo, parecía tener que ver con él. Ajeno a todo ello, se sentó en su mesa de siempre y desplegó su periódico esperando, como todos los días, ser servido.

Por fin un camarero joven, tal vez el más decidido, se acercó y le dio la noticia.

—*Ejem... ejem. Verá usted Don Blas, es que no hay churros. Bueno, es que hemos decidido no hacerlos más, porque no tienen salida. Lo siento… ¿Quiere usted otra cosa?*

Nuestro hombre se quedó quieto, pensativo, tal vez valorando la noticia. No contestó al camarero. Y en principio no reaccionó. Pero luego siguió un sonido, primero casi imperceptible, pero que fue creciendo rápidamente, hasta convertirse en un lamento horrísono. Parecía expresar de una forma trágica la ruptura de algo interior. El lamento subió tanto de tono que llegó a asustar a los vecinos de las mesas contiguas. El camarero mensajero dio un respingo hacia atrás asustado, pero también consciente de la mala nueva de la que había sido portador y el posible daño que había causado. El lamento subió de tono y de volumen hasta convertirse en un grito desgarrador, imposible de soportar para cualquier humano. Salió el dueño del bar y rápidamente se hizo cargo de lo que estaba pasando. Sin dudarlo, se dirigió a Blas y le dijo:

—*Tranquilícese usted, Don Blas. Ha sido un error de comunicación ¡Claro que hay churros! Para usted y mientras venga a nuestro establecimiento, siempre habrá churros ¡Faltaría más!*

Hizo un gesto conminativo a los camareros, que inmediatamente se pusieron en movimiento dispuestos a encontrar y servir los churros, aunque tuvieran que buscarlos debajo de la tierra.

Blas se fue calmando poco a poco, todavía se le escapaba algún que otro sollozo. Pero nada que ver con el estado anterior ¡Menudo susto le habían dado! Es como si alguien nos comunicara que no va a haber más oxígeno gratuito para respirar ¿Cómo reaccionaríamos?

Esta es la historia tal y como me la relató el dueño del bar. Pone sobre la mesa, nunca mejor dicho, el papel que la rutina desempeña en la vida de mucha gente. Parece comprobado que da seguridad, tranquilidad y permite organizar la vida cotidiana. Incluso es un buen método para enfrentar el estrés, tan presente en nuestras vidas. Para un decidido partidario del cambio, como soy yo, *al haraka al baraka* (en el cambio está la virtud, afirmación de mi admirado Averroes), esta observación sobre las virtudes de la rutina puede resultar contradictoria. Pero debo reconocer que algún grado de rutina, de costumbre, es imprescindible y que su presencia ofrece también ventajas reconocidas para ayudar a la recuperación del equilibrio en la vida de las personas. Una ruptura mantenida de las rutinas es ciertamente desequilibradora del estado de ánimo. Esto, con el paso de los años, lo veo ahora con claridad. Para el protagonista de esta historia parece que aquel gesto habitual de desayunar con churros, era un aspecto fundamental de su pautada vida.

La desaparición de su objeto le había reportado un daño insupera-
ble que expresó, de forma escénica, con un lamento que salía de lo
más profundo de su ser.

Sevilla, agosto 2016.

UNA NOTICIA SORPRENDENTE

Cuando leí la noticia me quedé atónito, no podía dar crédito a la información.

Decía así, más o menos:

Australia ha solicitado formalmente la entrada en la Unión Europea, contrariamente a su antigua Metrópoli, que ha decidido abandonar Europa. El Primer Ministro australiano ha manifestado, a modo de justificación de esta decisión —se continuaba informando—, *que "así nos resultará más fácil ir a los Sanfermines" (sic). De esta forma evitamos pasar por Londres y los australianos ahorrarán tiempo y dinero en su viaje a la antípoda torera.*

La noticia continuaba diciendo que *la Compañía Qantas, la del canguro, está estudiando, ante la creciente demanda, la posibilidad de abrir una conexión, lo más directa posible, entre Sídney/Melbourne y Pamplona/Iruña, la capital navarra.*

Si la experiencia resultara viable, la línea aérea no descartaba la posibilidad de establecer también conexiones entre Iruña y Brisbane, Adelaida, Perth y otras ciudades: *Depende de la utilidad que resulte, ha manifestado un portavoz de la compañía. Pero los australianos pueden estar seguros que haremos todo lo posible por facilitar el acceso a uno de los destinos más demandados; la fiesta de los Sanfermines de Pamplona.*

Al principio, quedé algo confundido con la primicia, luego un poco divertido, sintiéndome víctima de una broma. Terminé por sonreír ante la ocurrencia del periodista ¡Qué gracioso! Pero algunas páginas más adelante, en la crónica de sucesos, leí otra noticia que decía:

"El mozo local John Brisley, residente en Melbourne, resultó ayer alcanzado por un toro en los Sanfermines, al comienzo de la calle Estafeta. Sufrió un puntazo, sin mayores consecuencias, del que tuvo que ser atendido en el Hospital de Navarra, donde después de practicarle una cura de urgencia, fue dado de alta, pues la herida no revestía gravedad alguna. Entrevistado por el corresponsal de este periódico, el joven antípoda manifestó en un español aceptable, que era el sexto año que se desplazaba a correr los toros y que pensaba seguir haciéndolo, máxime ahora que había oído que se iban a establecer enlaces aéreos directos (sic). Además, animaría a sus amigos a venir, pues esta era una fiesta sin par y juntos se lo pasarían mejor".

Naturalmente traté de indagar la verdad de estas noticias con mis amigos navarros y estos me aseguraron que entre los participantes extranjeros que corrían delante de los astados, jugándose literalmente la vida, los australianos habían alcanzado ya el primer puesto, desplazando a los norteamericanos al segundo lugar del rango, lo que tenía mucho mérito estadístico, pues ambas nacionalidades crecían sin parar entre los asistentes asiduos a la fiesta. Los hosteleros locales, vigías de los cambios, en realidad por el interés que tenían para sus negocios, estaban aprovisionándose, cada año más, de cerveza Foster e incluso Victoria Bitter, marcas líderes en Australia, pero poco conocidas por estos lares y que hoy ya se pueden encontrar en muchos bares del centro de Pamplona. Manifiestan así una gran visión comercial para servir de forma adecuada a estos apasionados visitantes.

La noticia suscita algunas reflexiones de variada índole: sobre la capacidad de convocatoria de determinados acontecimientos festivos del ciclo anual, sobre el poder de los medios, sobre la cultura y la información en la que se basa la globalización, sobre la capacidad de aventura de los jóvenes… Pero por encima de todas, a mí, me surgía el interrogante de cuál sería el cúmulo de aspectos que hacían tan atractivo a gente joven venir desde tan lejos (en el Planeta Tierra, no se puede viajar más lejos), para jugarse la vida o al menos una lesión seria, en un evento aparentemente distanciado de su cultura y su vida ¿Era el descubrimiento de una nueva frontera generadora de renovaciones espirituales y vivenciales propias? Tal vez. Pero ¿por qué precisamente esta fiesta y no otras incluso más próximas? Puede que los mecanismos de creación y difusión de la información, a través de las redes sociales, tuvieran alguna responsabilidad. No olvidemos tampoco que la globalización también se manifiesta a través de hechos como este, la asistencia masiva o casi, de australianos a los Sanfermines de Pamplona. El fenómeno se alimenta a sí mismo, además. Cuantos más australianos vengan a San Fermín, muchos más vendrán en el futuro, que es lo que está ocurriendo. La "buena" experiencia que transmiten los que vuelven, probablemente imposible de imaginar en una sociedad tan victoriana, anima a sus conciudadanos, jóvenes sobre todo, pero algunos no tanto, a experimentar por vez primera o a repetir la aventura, lo que significa que el flujo de antípodas queda garantizado durante los años siguientes. Siempre es mejor venir a Europa a estos lances y no a combatir en los lejanos campos de batalla.

Granada, agosto 2016.

Rafael Tamarit. Una historia inacabada

H ace algo más de cuarenta años acudí a la biblioteca del Instituto Nacional de Estadística, el INE. Trabajaba yo entonces en el Plan de Urbanismo de Chantada, en Lugo, y necesitaba conseguir datos de población para efectuar algunas comparaciones. Completarían los que había obtenido in situ a través de la explotación que hice de los Padrones durante un frío mes de invierno en el propio ayuntamiento.

Aquella era una biblioteca entrañable. Pequeña y con poco personal. Rellené la ficha correspondiente para acceder a los Censos de Población.

Cuando el bibliotecario que me atendió vio mi nombre escrito me dijo:

—¿*Tamarit? ¿Tiene usted que ver algo con Rafael Tamarit?*
—*No sé ¿A quién se refiere usted?*
—*Espere un momento* —me dijo, y desapareció hacia el interior de la biblioteca. Volvió al cabo de un tiempo y me enseñó radiante un tesoro—.

Se trataba de una publicación, amarilla ya por el paso del tiempo, de un tal Rafael Tamarit. Se trataba de Un opúsculo con el título aproximado de "*Datos estadísticos*" o simplemente "*Estadística*" escrito por el susodicho Rafael Tamarit, del Negociado de Estadística de la Secretaría de Fomento (o Gobernación) de Fernando VII. El año de la publicación era, no lo recuerdo bien, 1832 o 1833. Ojeé la publicación y pregunté si podía llevarme una copia. Me hicieron la fotocopia y me la llevé.

Consulté con la familia. Mi tía Teresa, que con 97 aún vivía, fue siempre, hasta su fallecimiento en el 2016, nuestra memoria histórica familiar. Efectivamente existió Rafael Tamarit, que era el bisabuelo de mi abuelo Joaquín, cuyo padre se llamaba también Rafael y por lo que se ve, era una costumbre de la época poner al hijo el nombre del padre, lo que a veces dificulta en el momento actual localizar a alguno en concreto. Todos estos antepasados trabajaron siempre en la Secretaría de Fomento, luego Ministerio. Mi abuelo Joaquín llegó a ser delegado en Marruecos y a negociar, a partir de 1956, la entrega de la Administración del Protectorado a las autoridades marroquíes. Se jubiló con 77 años en 1960, cuando acabó su misión. Murió al poco. Lo de Fomento, como se ve, es una tradición familiar, pues yo empecé trabajando ahí y ahí me jubilé en Sevilla, cerca de doscientos años después de que mi pariente entrara a formar parte de la Secretaría de ese nombre.

La historia no acaba aquí. Unos años después volví a la biblioteca del INE a buscar más datos y pregunté por la publicación de mi pariente. Me dijeron que no estaba visible para el público porque era muy valiosa, alegué mi condición de descendiente del autor y entonces, ¡oh sorpresa!, me señalaron un cuadro en la pared. Allí estaba la publicación. Enmarcada y colgada de una pared, como un incunable estadístico de 1832.

He consultado varias veces el fichero *on line* de la biblioteca y no hay rastro alguno ¿Seguirá colgada de la pared o habrá pasado a mejor vida? Ha transcurrido mucho tiempo y algunos datos puede que me fallen, pero no el nombre del autor, ni el contenido, ni su pertenencia a la administración del final del reinado de Fernando VII. Respecto al año, si no es 1832 será 1833. Ni más ni menos.

¿Qué pasó con la copia que obtuve? Pues una persona con una vida tan azarosa como la mía, con varias mudanzas, un divorcio y varias emigraciones, ha perdido muchos papeles. Cuando me separé tenía, entre libros y documentos con alguna consistencia, alrededor de 10.000. Mi hija, durante el año que dedicó a catalogar, no pudo verlo todo. Aún hay varios depósitos que no han podido ser abiertos. Mi esperanza, cada vez más tenue, es que esa publicación, esa rareza, que imagino pionera en materia estadística, esté en alguna carpeta aún no visitada.

Mi pregunta lógica es: ¿Seguirá colgada de alguna pared o estará reservada para investigadores acreditados o, espero que no, habrá desaparecido sin dejar rastro?

La dificultad que tenemos para localizar alguna referencia más completa sobre este antepasado, resulta contradictoria con respecto a otros esfuerzos más fructíferos cuando hubo que bucear en archivos militares ingleses y norteamericanos para conocer la historia del marinero inglés.

Sevilla, noviembre 2016.

UNA BELLEZA EXCEPCIONAL

N efertiti fue una reina del Antiguo Egipto, esposa del Faraón Akenatón (Amenofis IV). Ambos gobernaron al final de la XVIII Dinastía. Tanto su marido como ella fueron reyes excepcionales en la dilatada historia del Antiguo Egipto. Fue, además, parece ser, la suegra o madre del Faraón Tutankamón; la consuetudinaria costumbre faraónica del incesto hace los árboles genealógicos complicados. Ella y su marido vivieron aproximadamente entre el 1370 y el 1330 a.C., es decir hace 3.386 años. Su nombre en la lengua de aquella época se expresaba así:

Cuya transcripción del idioma de entonces era: nfr.u itn, nfrt.y.ty, es decir, Neferu Atón Nefertiti. Dicho en palabras que podamos comprender hoy: *"Bondad de Atón, la bella ha llegado"*.

Akenatón y Nefertiti dirigieron una serie de cambios, religiosos en primer lugar, pero también políticos, administrativos, urbanísticos y culturales, que significaron una revolución para la época. En esencia, declararon y desarrollaron un nuevo culto religioso que elevaron a la categoría de religión de Estado. Hasta ese momento los egipcios veneraban a una serie de dioses: Amón-Ra, Osiris, Annubis, Horus, Isis… en torno a los cuales habían organizado a la sociedad en muchos aspectos. La pareja real terminó con este politeísmo y proclamó la existencia de un solo dios, Atón, el Sol, y comenzó a reorganizar el sistema de creencias y la sociedad en base a este culto monoteísta. En realidad, esa creencia en el disco solar apuntaba a una concepción diferente del mundo perceptible. La reforma fue tan profunda que incluso trasladaron la capital de su reino a una nueva ciudad que fundaron a unos trescientos kilómetros al norte de Tebas, encajonada entre el río Nilo y el desierto, al este, a la que dieron el nombre de Ajtatón, que hoy se conoce como Amarna, en las proximidades de Tell el Amarna, y de la que no quedan sino ruinas.

Allá se trasladó la pareja real con los altos funcionarios y dignatarios del Estado afectos a la nueva creencia. Parece que el resto inició la conspiración para echar abajo estas nuevas ideas. La ciudad, durante los aproximadamente diecisiete años que duró la reforma, creció rápidamente. Como el culto era al dios Sol, los templos empezaron a construirse sin techo para facilitar la comunicación con el Altísimo, lo que era una novedad arquitectónica.

Este intento de revolucionar la sociedad egipcia tuvo una corta duración. Las fuerzas del antiguo régimen, a las que tuvieron que enfrentarse con fuerza, revirtieron al final la situación. Cuando murió el faraón, parece que Nefertiti siguió gobernando por un tiempo, pero no pudo continuar más allá la política de la real pareja. En el trono le siguió su yerno o hijo Tutankamón, un niño que a los pocos años encabezó la restauración de los antiguos dogmas. El culto retornó a las creencias anteriores, con la amplia panoplia de dioses, cada uno con su función e influyendo en el mundo de los vivos. La capitalidad regresó a Tebas. Parece que con los "herejes" se practicó después la política mediática del silencio, la *damnatio memoriae* o eliminación de la memoria. Sus nombres fueron borrados de todos los registros posibles, sus figuras, incluso sus momias, destrozadas sistemáticamente. Se adoptó la convención de que, en realidad, no habían existido.

La figura de Nefertiti, a pesar de las muchas lagunas en su biografía, resalta en la historia antigua por muchos hechos: emprendedora de reformas fundamentales; reina casi al mismo nivel que su esposo, de la que era "adjunta", un hecho excepcional; de memorable belleza; una figura durante mucho tiempo legendaria, cuya existencia aparecía alimentada por referencias sin conexión y por conjeturas, sin testimonios rotundos que aportaran información sobre su existencia real... Su origen también sigue resultando misterioso. Hay opiniones sobre su pertenencia a una noble familia egipcia de Tebas; otras tesis sitúan su cuna en el País de Mitani (Hititas entonces y Kurdistán ahora), conectando con su nombre: *la bella ha llegado*, se supone que de fuera de Egipto. Su desaparición está también, todavía, en claroscuro. Parece que perdió todo su poder a poco de la muerte de su marido Akenatón y que falleció ya anciana, algo olvidada por sus congéneres. En fin, todo es posible.

Su figura emergió de las brumosas leyendas de la historia y de la ocultación política y religiosa interesada un día de diciembre de 1912, cuando unos obreros que trabajaban en una excavación en Amarna, dirigida por el alemán Ludwig Borchardt, desenterraron una escultura de una belleza sorprendente. Pese a estar algo deteriorada por el tiempo transcurrido y los avatares sufridos, transmitió poco a poco información relevante a sus "descubridores".

Se trataba de un busto policromado de algún personaje femenino principal. Por los atributos que mostraba no cabía duda que era una reina. Resultó ser la representación de alguien largo tiempo buscado: Nefertiti.

El busto fue encontrado entre las ruinas de lo que fue el taller de Tutmose, el gran escultor del período de Akenatón. Una vez descubierta y llevada a Alemania, comenzó su peregrinación por diferentes museos de Berlín. Del Museo Egipcio primitivo pasó al Neues Museum, luego al Altes Museum para terminar en el Museo Egipcio actual, que es una dependencia del Neues Museum. Allí se exhibe por ahora, a la espera de ver como resulta la expresa petición del Gobierno egipcio de que retorne a su país, de donde se alega que salió mediante malas artes.

Este largo introito pretende situar al lector ante un hecho extraordinario: la indescriptible belleza que transmite el busto de aquella reina y su significación histórica, que va más allá de su hermosura. A mí me causó una auténtica conmoción contemplar su imagen, que expresa sin duda una belleza de manera suave pero firme al mismo tiempo. Estos son algunos de los sentimientos que me transmitió el busto de la reina:

- Una belleza más que natural. Uno de los más hermosos rostros que podemos contemplar en un personaje del pasado remoto, de hace más de 3300 años. Es difícil encontrar palabras para expresar esta belleza que tiene algo de intemporal, de ayer y de hoy, sublime, pero también de real; diríamos que un rostro hermosísimo que se nos hace próximo. Correspondería a lo que los griegos entendían por una diosa, algo que, por cierto, nunca pretendió en vida.

- Su contemplación debe hacerse casi con recogimiento (a lo que ayuda mucho la actual puesta en escena). Y además debe hacerse desde varias perspectivas, pues no ofrece una única impresión, sino que ésta va cambiando a medida que el visitante gira en su entorno (lo que se aconseja hacer) y la imagen se va modificando, ofreciendo lecturas, visiones diríamos, diferentes y en algunos casos complementarias.

- Su enigmática sonrisa anima a pensar que se trataba de una mujer sabia, que conocía, que era consciente de su circunstancia y que vislumbraba lo que iba a pasar con ella y sobre todo con su credo. Y es que su fe, pese a su aparente derrota posterior, en realidad triunfó a la larga, pues las religiones que tienen más seguidores hoy en día, con todas sus variantes, son precisamente monoteístas. Aunque pueda pensarse que entre aquellas creencias y las actuales hay una gran distancia temporal y conceptual, Amenofis IV (Akenatón) y su esposa y reina Nefertiti fueron pioneros en instaurar el monoteísmo como religión oficial. La imagen de Nefertiti, la determinación de su mirada y su amable pero firme sonrisa, parecen transmitirnos así mismo el mensaje de la certeza de sus ideas.

Para este modesto escriba se trata de una de esas maravillas cuya contemplación merece la pena el viaje, la visita, a la ciudad de Berlín. Por encima de todo lo expresado resaltaría la deslumbrante, impactante, belleza del personaje y el mensaje permanente que transmite. Su estatua, su busto, rivalizaría, en mi opinión, con figuras e imágenes muy posteriores, como la Mona Lisa, las Meninas, el David de Miguel Ángel, la Venus de Milo, los Fusilamientos del 3 de mayo o la Inmaculada de Pedro de Mena en Tordesillas. Todas ellas cimas del arte universal. Rivalizaría en perfección con ellas, pero vencería sin duda gracias a la belleza inusitada y no obstante tranquila que comunica, y al guiño cómplice sobre la grandiosidad de la naturaleza humana y los propósitos de su vida entera.

Aconsejo fervientemente visitarla en la sala habilitada dentro del museo donde, como medida de sabios propósitos, están ya prohibidas las fotografías de cualquier tipo. Sólo se permite lo que se aconseja, su serena contemplación, sin prisas, que nos ayudará a vislumbrar la intemporal dimensión divina del ser humano, expresada esta vez por una antigua y hermosa mujer, reina de un país más antiguo aún, al que pretendió cambiar y que, al procurarlo, mudó el destino de todos nosotros.

Sevilla, diciembre 2016, a los ciento cuatro años del descubrimiento del busto de la reina, nuestra madre Nefertiti, la bella que llegó para cambiar el mundo junto con su real esposo Akenatón. Ambos nos dieron instrumentos, probablemente por primera vez en nuestra Historia, para pensar por nosotros mismos y para someter a la jauría de dioses que nos dominaban y que asolaban la tierra, haciéndonos sufrir sin tregua. Lo que estamos obligados a recordar cuando estos demonios, dispuestos a resurgir a la primera ocasión, intenten de nuevo gobernar nuestro pensamiento y nuestras vidas. Hecho que ocurre con demasiada frecuencia.

De pretendidas autoediciones y opacas distribuciones

Lo que digo a continuación puede resultar duro, incluso descarnado. Pero es lo que he vivido en varias ocasiones y, además, es lo que también me cuentan otros colegas. Podríamos llamarle la cruda realidad.

Para un escritor, consagrado o anónimo, la publicación de un libro es siempre un quebradero de cabeza. Por muchas razones: corrección de estilo, maquetación, diseño, impresión, edición en su conjunto, distribución, liquidación de derechos... El enfrentamiento con estos "principios de realidad" que son la edición y la distribución constituye, por lo general, una amarga experiencia para quien ha hecho un esfuerzo creativo y ha logrado parir un libro, sintiéndose más o menos satisfecho con el esfuerzo. Me consta que algunos escritores más o menos aficionados, no profesionales, ante este adverso mundo han tirado la toalla y ya solo escriben para ellos mismos, podríamos decir, habiendo renunciado a dar a la luz su obra, al menos mediante la forma tradicional de letra impresa.

En este texto me voy a referir a los escritores aficionados, entre los que me cuento, que suelen acudir a la fórmula de la autoedición para dar a conocer su prosa o su poesía, tanto da. A quienes lo estén pensando, espero que este texto les sirva de orientación y advertencia. A los que pecamos de reincidencia, de recordatorio.

En nuestro país existen bastantes empresas, que se publicitan como editoriales para autores noveles, que se ofrecen para dar a la luz sus escritos. Casi todas tienen unas características variables, pero también algunos rasgos, desagradables, que son comunes. Podríamos resumirlos diciendo lo siguiente.

Autoedición quiere decir que el autor debe pagar la edición, entregando al editor la cantidad fijada en el presupuesto, por lo general por adelantado. Debe advertirse que el libro debe ser enviado al editor en versión totalmente corregida, de forma ortográfica, sintáctica y con la imprescindible corrección de estilo efectuada. Si el autor no tiene quién lo haga lo hará la editorial, a su precio, naturalmente. Los presupuestos varían, pero para un libro de alrededor de 160/180 páginas, de tamaño 15/21 cm, que es un tamaño muy estándar y con papel normal y cubierta a color, pero interior en blanco y negro, considerando una tirada de 100 ejemplares, puede alcanzar los 800/900 euros, sin incluir las correcciones. Este es un dinero que nunca, repito, nunca, recuperará el autor. Aventurarse, para un novel, por encima de los 100/150 ejemplares, es una temeridad. En ese presupuesto se suele incluir un booktrailer, o pequeño video de difusión, la versión digital o e-book y a veces otros tantos marcadores de lectura.

Los diseños, de cubierta y contracubierta, suelen estar cuidados y con frecuencia son muy imaginativos. El producto final puede ser un libro digno.

Pero… ¿se hará alguna difusión del libro, se venderá? Pues eso es harina de otro costal. La función de estas editoriales no es orientar, formar o apoyar a los autores noveles. Para nada. A ese menester dedican poco tiempo o esfuerzo, por no decir ninguno. Si acaso incluyen el libro, con una breve reseña, en su página web, blog o similar soporte informativo on line.

¿Quién debe encargarse de la difusión del libro? ¿De publicitar su existencia y su interés? ¿Quién debe organizar actos de presentación? El autor, sólo el autor. Es él quien deberá mover el libro, presentarlo a los foros o plataformas que interese, esforzarse por que sea comentado en foros especializados, que alguien haga alguna crítica… La editorial se limitará a dar instrucciones al distribuidor para que lleve algunos ejemplares, para su venta, al sitio donde se vaya a llevar a cabo su presentación o debate.

Por tanto, el autor es el único responsable de la aventura de la publicación. No hay *joint venture* que valga. Con frecuencia, es perfectamente perceptible la soledad en la que se va a mover. Él es quien financia la edición y si hay beneficios (luego hablaremos de eso) le llegarán en una ínfima proporción, muy insuficiente, para cubrir el coste de edición.

El precio de venta es fijado de común acuerdo, pero como tiene que dar para que cobre la editorial (otra vez), el distribuidor y el librero, el precio nunca será del agrado del autor. Si es muy alto, digamos que por encima de los 25 euros, no lo comprará nadie. Si es bajo, por debajo de los 15 euros, no interesará moverlo porque dejará un margen reducido. El precio en formato e-book de ese mismo libro oscilará en torno a los 4/5 euros.

Bien, pues quedamos en que el autor financia la edición en su totalidad y en efectivo, debe publicitar el libro y sobre todo no debe esperar casi ningún ingreso.

Debe ser que como los autores son seres muy vanidosos, lo único que les importa es ver su nombre en la portada de un libro que han escrito y que lo que pagan es realmente por darse el gusto de ver el texto editado y poder presumir delante de la gente. Eso quiere decir que las editoriales aceptarán casi cualquier cosa para editar. A excepción de materiales auténticamente bazofia, editarán casi cualquier texto, pues el negocio es editar y no vender. Dicho en palabras sencillas, estrujar a autores noveles que desean publicar operas primas. Algunas editoriales, para animar a los autores, alegan tener comités de lectura que han dado el visto bueno a los materiales. Es un truco comercial más, con el objeto de animar al autor a publicar, facilitando así la captura de su dinero. En los contactos con estas editoriales sólo se conocerá a comerciales (vendedores) con una cualificación literaria próxima al cero infinito, pero con ganas de comerse el mundo (al autor, en este caso). Yo no he conseguido nunca contactar con nadie que mostrase algún interés en la literatura de cualquier signo. Lo cierto es que sólo una pequeña parte de lo que se edita tiene valor literario, pero sobre la base de editar sólo lo que tiene valor, no se haría ningún negocio. Y la autoedición está enfocada como un negocio. Un nuevo nicho de mercado que, con la actualización de sus modos, imágenes... puede ser muy rentable.

¿Por qué no es posible saber nunca los libros que se han vendido? La distribución es la parte más opaca del mundo del libro. Las empresas de distribución ejercen un control absoluto sobre sus ventas. Con frecuencia, ni las propias editoriales saben la verdad. Los autores nunca. Conozco grandes distribuidoras que tienen prohibido que los autores les importunen preguntando cómo va la venta de sus libros. Todas operan de la misma forma. Mueven los libros de forma secreta, sin dejar rastro, y cuando venden, liquidan con una demora de hasta un año. No corren apenas riesgos. Incluso es frecuente que cobren por el almacenamiento del libro, no gustan de almacenar libros, o que devuelvan los ejemplares no vendidos al autor, no a la editorial, a portes debidos. Ningún riesgo es el lema. Por lo general, un editor y un distribuidor saben si un libro va a tener venta o no, pero para un autor novel se forja un pacto de silencio en su entorno para animarle a publicar, que es la base del negocio. Si luego se vende el libro, mejor que mejor, pero no hay que confiar en futuribles. Como dice el refrán castellano "más vale pájaro en mano que..."

Si a pesar de todo esto, el novel que me lee se anima a editar, es mejor que haga una autoedición de verdad, asumiendo todo el proceso, diseño (hay muchas ayudas en Internet), impresión (hay muchas imprentas) y distribución, que se puede hacer a petición on line. Proceder como cualquier emprendedor. Este, no hay que ocultarlo, es un camino complicado en el que sólo se aprende cometiendo errores y recibiendo palos. Pero es mejor así que tener la sensación de estafa casi permanente, cuando se acude a empresas dedicadas a la autoedición.

Sevilla, enero 2017

ÍNDICE

Luis González Tamarit, nació, hace ya algún tiempo, en Marruecos, en la época del Protectorado. Estudió en Tetuán y en Madrid. Después se hizo funcionario, en la tradición familiar y terminó trabajando y viviendo en Sevilla. Politólogo, Sociólogo y Urbanista, ha dedicado una actividad intensa a estos menesteres, así como a la Política de Vivienda y a la Cooperación Internacional, como atestiguan algunos escritos.

Desde hace algunos años reside una buena parte del año en Portugal, cuyos benéficos vientos ábregos han ejercido una influencia vivificadora sobre su carácter y su pensamiento, harto de tanto debate bronco en España y aspirando a la mesura y el respeto del prójimo que se practica en el país vecino, y tal vez influido también por el republicanismo social, que echa en falta en su propio país.

La ventolera literaria, este es el quinto libro de literatura, le dio al autor ya de mayor, frisando los sesenta. Hasta ese momento la producción escrita se centraba casi exclusivamente en el ensayo y el trabajo técnico, con una producción relativamente abundante. Del estilo que ha venido en llamarse ensayo, a la que quiere dedicar su próximo libro, haciendo un paréntesis en la literatura que ahora le ocupa. Pero nunca se sabe lo que le destino proveerá y ya veremos lo que resulta de estas intenciones en tiempos de tanta mudanza.

www.ingramcontent.com/pod-product-compliance
Lightning Source LLC
Chambersburg PA
CBHW031832090426
42741CB00005B/216